가장
보통의
차별

가장 보통의 차별

취재 중에 만난
차별과 혐오의
얼굴들

전훈일 지음

느린
서재

차례

1부 차별한 적 없는데요?

2부 마땅히 혐오할 만한 존재들

3부 그렇게 차별이 하고 싶으세요?

다정의 노력

솔직히 고백하자면 나는 정치적 올바름이라고 일컫는 PC[*]
라는 단어보다는 편견과 차별, 혐오와 더 가까운 사람이다.
낯설고 다른 것을 대할 땐 열린 마음보다는 날을 먼저 세우
고 벽을 친다. 남들에게 피해를 주고 싶지 않은 만큼 타인에
게 받는 피해도 꺼린다. "당신 일에도 간섭하지 않을 테니 그
쪽도 내게 신경 쓰지 마세요"라는 티를 온몸으로 내며 살았
다. 오죽하면 첫 연인에게 '정이 없다'는 이유로 차였을 정도

---

[*] Political Correctness

다. 그만큼 다정과는 거리가 있는 삶을 살아왔다.

'슬기롭다'는 단어가 무려 두 개나 붙은 호모 사피엔스 사피엔스. 태어난 본능대로 사는 건 이름값도 못하는 일이기에 나름대로 노력하며 살았지만, 역부족이었다. 언론사 기자라는 직업을 택한 것도 인권이나 정의라는 거창한 목표 못지않게 '그럴듯한 밥벌이'라는 점이 구미를 당겼다. 이런 속물근성을 갖고 시작한 기자 생활에 몸도 마음도 고달팠다. 이 직업은 우리가 사는 사회 그리고 타인에게 지나칠 정도로 가까이 가지 않으면 존속이 불가능했다. 평소 나와 남의 영역을 철저히 구분하던 내게는 고역인 일이었다. 예를 들면, 참척을 겪는 이들에게 "지금 기분이 어떠신가요"를 물으며 고통의 심연을 파헤치는 건 결코 내키지 않는 일이었다. 기자가 된 첫해가 2014년 그리고 4월이었던 탓에 나뿐 아니라 동기들은 잔뜩 붉어진 눈시울과 코끝을 한 채 종종거려야 했다.

반강제로 부대끼게 된 세상은 낯설고 괴롭고 또 슬프면서도 매 순간이 놀라웠다. 나와 단 한 번도 같은 궤적에 서 있지 않던 '낯선 사람들'은 내가 기자라는 이유로 자신의 곁을 내주고 사생활을 들여다보도록 허락했다. 이렇게 마주하게 된 내 이웃은 누구 하나 평범하지 않았다. 각자의 범상한 삶은 이전과는 다른 분명한 흔적을 남겼다. 예전엔 조용한 지하철에서 튀는 행동으로 이목을 모으는 사람을 경계하며 꺼림칙해했다. 그런데 발달장애인과 가족을 만나고 나서는 그 너머의 것들을 떠올리게 됐다. 비장애인에겐 일상인 '대중교통을 이용해서 목적지까지 가기'를 완수하기 위해 거쳤을 수백, 혹은 수만 차례의 연습과 시행착오들을 생각한다. 드라마 〈우리들의 블루스〉에 출연한 발달장애인 정은혜 배우 겸 작가, 그의 어머니 장차현실은 자신의 책 『은혜씨 덕분입니다』에서 딸의 외출을 '출정'이라고 불렀다. 그의 글에 따르면 은혜 씨가 집 밖으로 나서는 일은 세상에 대한 도전, 어쩌면 말 그대로 '싸움터'로 향하는 것과 가까웠다.

지하철 운행 방해로 여론의 뭇매를 맞은 전국장애인차별철폐연대(전장연)의 활동가와 함께한 날에는 그가 통과해야 하는 수많은 난관을 같이 넘어볼 수 있었다. 한두 걸음 피해 가면 그만인 길가의 자전거와 킥보드가 얼마나 치명적인 장애물인지를 알게 되었다. "내 주위엔 없다"고 막연히 생각했던 성소수자와 가족, 그를 사랑하는 사람이 한국 사회에서 얼마나 숨죽여 살아가는지도 알게 됐다. 취재하면서 마주하기 전에는 미처 몰랐을 뿐더러 굳이 알려고 하지도 않았던 타인의 삶이었다. 이런 경험이 계속될수록 내 안의 벽은 슬그머니 높이를 낮췄다.

누군가는 이들에 대한 기사에 '감성팔이'라며 손가락질하며 세상의 밝은 면에 집중하라는 핀잔을 보냈다. 그러나 더 밝은 세상을 위해서라면 사회의 어둠을 포착하고 조명해야 한다. 언젠가 약자·소수자가 될 운명이라면 더욱 그렇다. 사람은 누구나 불가피하게 '마이너리티'가 되기 마련이다.

한국 등록 장애인의 약 90%는 후천적으로 장애를 얻게 됐다. 질병과 교통사고, 산업재해 등 다양한 이유였다. 발달장애인 취재를 위해 만난 부모들은 하나같이 "내가 장애인의 가족이 될 줄 몰랐다"라고 입을 모았다. 이들은 발달장애인의 부모가 되고 나서야 한국 사회가 얼마나 장애인을 배려하지 않는 곳인지 알게 됐다고 했다.

겉모습이 다르다는 이유로 외국인을 꺼리지만 불과 몇 시간만 비행기를 타고 나가면 그곳에선 내가 외국인이다. 노동자의 파업이 빚어낸 소음에 귀를 막는 내가 부당해고를 당해 거리로 나서게 되지 않으리라고는 장담할 수 없다. 운이 좋아 대부분의 소수자성을 비껴갔대도 결국은 늙는다.

타인의 처지에 완벽히 공감할 순 없다. 다만 지극히 이기적인 동기로 본능을 거슬러 차별과 혐오를 거부하는 '다정한' 사람이 되고자 한다. 전 세계적인 베스트셀러에서도 "다정한 것이 살아남는다"고 했다. "우리의 삶을 얼마나 많은 적을 정복했느냐가 아니라 얼마나 많은 친구를 만들었느냐로 평가해야 한다"*고.

굳이 어려운 이론과 연구로 증명하지 않더라도 적보다는 친구가 나를 위기에서 구할 것이란 사실은 자명하다. 성소수자 부모모임을 통해 만난 메이 씨도 인권운동을 계속해 나가는 '원동력'에 대해 이렇게 설명했다. "나만, 내 가족만, 내 주변만 챙기고 타인의 고통을 외면하고 눈감는다면 내가 위험에 처했을 때 도와줄 사람이 남아 있지 않을 수도 있다는 마음"이라고.

'언젠가의 나'를 위한다는 마음으로 버스나 지하철에서 노인에게 자리를 양보하곤 한다. 피곤한 날에는 다른 사람들도 많은데 왜 하필 내가 일어서야 하는지 억울하기도 하다. 지극히 평범하고 또 치사한 나지만, 제 일만 하며 살기에

---

* 브라이언 헤어, 버네사 우즈, 『다정한 것이 살아남는다』, 디플롯

도 피곤한 세상에서 다정을 굳이 행하려는 이들과 나누고 싶은 글을 썼다. 차별·혐오의 당사자나 활동가도 아닌데다 꾸준히 이 문제를 들여다본 연구자도 아니기에 이 글을 쓸 자격이 있는지 고민하기도 했다. 차별하지 않으려고 고군분투해도 때론 실패하고 또 좌절하기도 하는 보통 사람들이 읽어줬으면 좋겠다. 그리고 '비슷한 생각을 한다'라고 단 한 사람만이라도 느낀다면 더할 나위 없이 좋겠다는 욕심을 내본다.

1부

**차별한 적
없는데요?**

가
장
보
통
의 차
별

"지원자는 살면서 여성으로서 차별받은 경험이 있나요?"

한 신문사의 최종 면접장에서 이런 질문을 받았다. 기자가 되기 위해 한국에 있는 거의 모든 언론사의 문을 두드리고 또 떨어지길 수차례 반복하던 시기였다. 1차 서류심사, 2차 필기시험, 3차 합숙면접이라는 지난한 과정을 거쳐 도달한 자리. 긴장해서 세차게 뛰는 가슴을 달래던 신입 기자 지원자에겐 어려운 질문이 아니었다. 이 고비만 넘기면 진짜 기자가 될 수 있다는 희망을 품은 채 잠시의 고민도 하지 않고 힘차게 답했다.

"아니요, 딱히 없는 것 같습니다."

순간 면접장의 분위기는 얼어붙었겠지만, 이를 알아챌 정도의 눈치였으면 애초에 그런 대답은 하지 않았으리라. 짧은 적막 후 면접관은 마치 아이를 어르는 듯한 목소리로 말했다.

"지원자는 논술·작문 다 잘 썼고 상식시험 점수도 높은데 좀… 어린 것 같아요."

만약 최종 면접에서 이런 말을 들었다면 결과가 좋지 못하리라고 예상해야 마땅하다. 물론 '어리다'는 건 때에 따라 칭찬이 될 수도 있겠지만 대부분의 경우 이는 '미성숙하다'는 의미로 통하기에. 다시 한 번 말하지만 이런 행간을 파악할 정도의 눈치가 있었다면 애초에 그런 대답을 하지 않았을 거다. 며칠이 지나 신문 1면에 실린 합격자 명단에 내 이름은 없었다. 한참을 쓰라린 낙방의 고통에 시달리며 근거 없는 배신감까지 느꼈다. 그렇다, 나는 내가 빻았다는 사실조차 모를 정도로 심각하게 빻아 있었다[*].

20대 중반의 취업 준비생이었던 나. 정말 여성으로서 차

---

[*] '올바르지 않다'는 의미의 은어 표현.

별받은 경험이 없었을까. 정말 그랬다면 그 언론사는 '정직한 인재'를 하나 잃게 되었겠지만, 당연히 그렇지 않았다. 안타깝게도 기자가 되고 싶다고 면접장에 앉아 있던 나 자체가 차별의 산물이었다.

"차라리 기자를 준비하는 게 어때? 여자 PD는 정말 안 뽑아. 몇 년을 매달려도 힘들어." 대학 시절 방송국 PD가 되고 싶다는 내게 교수님이 건넨 조언이었다. 방송사 다큐멘터리 PD는 선발 인원이 한 손에 꼽힐 정도로 적은데다가 여성은 더더욱 선호하질 않는다고. 진심으로 제자를 위하는 마음에서 나온 말이었다. 취업시장은 늘 그렇듯 얼어붙어 있었고, 여성이 PD가 되는 일은 낙타가 바늘구멍을 통과하는 것만큼이나 어려워 보였다.

기자라는 직업 역시 만만치는 않겠으나 방송사뿐 아니라 신문사, 통신사 등 상대적으로 지원할 회사가 많았다. 닭이 바늘구멍을 지나는 정도의 난이도로 느껴졌다. 낙타와 비교하자면 비벼볼 만한 수준 아닌가. 세상을 더 나은 곳으로 만들 수 있다는 점은 비슷하다고 자기 합리화했다. 그렇게 PD 지원 서류는 한번 내보지도 않은 채 기자 준비를 시작했다. 그런 말을 듣고 PD가 되는 것을 포기했으면서 왜 "차별받은 경험이 없다"라고 당당하게 말했을까.

한편으로는 당연했다. 우리는 금녀의 벽이라는 개념이 무너졌다는 '밀레니얼 세대'의 아이들이었다. 여성이라는 이유로 진학 대신 남자 형제의 뒷바라지를 하는 안타까운 일은 구전설화로 전락한 지 오래였다. 여성의 대학 진학률은 남성을 뛰어넘었다. 여성이라는 이유로 가질 수 없는 직업은 (거의) 없었다. 사법고시, 행정고시, 외무고시 등에서 여성 수석 합격자가 나왔다. 여풍(女風)을 넘어 여성 상위시대라는 언론 보도도 잦았다. 이런 분위기에서 나의 실패는 개인의 무능일 뿐 차별의 결과는 아니었다. 위화감은 뒤늦게, 그러나 분명히 찾아왔다. 방송사, 신문사, 통신사를 가리지 않고 기자시험 1차 시험장에서 여성 지원자의 수는 남성의 2배에 달했다. 그렇게 많았던 여성들은 2차 시험을 거치며 탈곡기에 걸린 것처럼 우수수 떨어져 남성과 비슷비슷한 숫자가 됐다가 결국 남자보다 적어졌다.

가까스로 기자가 된 이후 만난 한 언론사 간부(그는 남성이었다)는 물었다. "왜 성적순으로 뽑으면 다 여자일까." 그는 여성이 남성보다 공부에 적합하게 태어난 것 같다고 덧붙였다. 여성기자들을 띄워주려는 의도에서 나온 발언이었지만,

이상하게도 그 자리에는 여성보다는 남성기자가 더 많았다. 간부의 말대로라면 성적대로 여성기자가 더 많아야 마땅했다. 한국여성기자협회의 시상식에서 축하를 위해 참석한 또 다른 언론사 간부(물론 그 역시 남성이었다)도 비슷한 말을 했다. 경력기자를 뽑으려고 보면 우수한 기자는 다 여성이었다고. 신입뿐 아니라 경력직도 뛰어난 사람은 다 여성이라는데 현실은 다르다. 한국언론진흥재단이 펴낸 '2020 신문산업 실태조사'를 보면 여성기자의 비율은 30.6%에 불과하다. 종이신문의 경우는 26.5%로 더 적어진다. 채용 과정에서 상위권이었던 여성들은 버뮤다 삼각지대로 증발이라도 해버린 모양이다.

누군가는 '능력의 문제'라고 말한다. 능력에 따라 뽑으므로 남성이 더 많아지는 일은 당연하다고. 그렇다면 2017년, 최종 합격자 성비를 남성 3, 여성 1로 맞춘 은행권의 대규모 채용 비리는 '예외'였을까. 이는 유구한 역사다. 서울교통공사로 통합된 옛 서울메트로가 무기계약직 공개채용에서 여성 지원자들의 성적을 조작해 떨어뜨린 사건이 2016년에도 있었다. 밝혀지지 않았을 뿐 지금도 벌어지고 있을 일이다.

자신이 누군가를, 혹은 무언가를 혐오하거나 차별하고 있다고 생각하는 사람은 없다. 그럴 수밖에 없는 불가피한 이유가 있기에 모욕과 조롱은 합당하다. 금융권의 성차별 채용 비리가 드러나자 해당 회사들은 "여자가 너무 많으면 곤란해 남자를 배려하는 차원에서 (점수를) 올려준 것으로 조작이 아니라 조정"이라고 설명했다. 합격자 대다수가 남자였을 때는 미처 느낀 적 없었던 '곤란함'일 테다.

너무 당연하기에 깨닫지 못했던 '가장 보통의 차별'이다. 혐오와 차별은 때론 자연스럽다. 당사자마저 이를 지적하고 바로잡는 게 어색할 정도로. 그러나 불합리함을 깨닫는 순간은 누구에게나 찾아온다. 그 깨달음은 언제가 됐든 늦지 않다. 고작 한 사람에게 울린 경종일지라도 이는 결국 세계를 바꾸는 시작이다.

채용 비리 여파로 은행권에서는 채용 절차 모범 규준을 제정했다. 금융 당국은 각 은행들에 채용 시 여성 직원 비율을 공시하도록 했다. 그러자 여성 직원은 눈에 띄게 늘었다. 논란 바로 다음해였던 '2018년 경영 현황'에 따르면 5대 시중은행 중 국민은행을 제외한 4개 은행에서 여성 직원의 신규 채용 비율이 상승했다. 특히 신한은행은 지난해(2017년) 신입 여성 직원 비율이 57%로 전년(36%) 대비 21% 올라 전체 직원 중 절반이 넘는 수준을 기록하기도 했다.

그러니 우리는 사사건건 피곤할 정도로 말해야 한다. 어떠한 주의 신호도 주지 않은 채 개인의 노력으로 이를 견뎌내라는 건 공기 같은 보통의 차별을 더욱 부추길 뿐이다.

「오빠 취재」와 「흡연 연대」

흔히 신문기자를 '글을 쓰는 사람'이라고 여기지만 막상 기자가 되어보니 작문 실력은 그다지 중요하지 않았다. 기자의 업무 능력을 좌지우지하는 소양은 사람을 사귀는 일, 바로 '사교(社交)'다. 글을 잘 쓴다면 금상첨화겠지만 언론인에게 가장 쓸모 있는 능력은 사람을 사귀고 또 대화를 잘 하는 일임이 분명했다. 상대가 말하길 원치 않는 사건이라도 의미 있는 기사를 얻으려면 일단 마음을 사야 한다. 과거 언론계에서 신입기자를 뽑자마자 '기삿거리를 찾아오라'고 대뜸 경찰서로 떠밀던 이유도 이 때문일 테다.

눈코 뜰 새 없이 바쁜 경찰들에게 불청객이 반가울 리 없다. 낯을 많이 가리는 성격으로서는 적잖은 고역이었다. 수습기자 교육을 받던 계절은 여름이었는데 경찰서로 들어설 때면 밀려드는 한기에 이가 덜덜 떨릴 정도로 압박이 심했다. 이렇게 하루하루 허덕이던 수습기자 시절 처음 들었던 단어가 '오빠 취재'다. 언론계에서 여성기자가 이성적 매력을 이용해 취재원에게 기삿거리를 손쉽게 얻어내는 현상의 멸칭이다. 콕 집어 오빠 취재라 하진 않더라도 여성이라면 취재원(주로 중년 남성이 압도적 다수인)을 사귀는 일이 수월할 것이란 편견이 광범위하게 퍼져 있다. 같은 해 입사했던 한 기자(물론 남성이다)는 수습기자 교육을 받던 동기에게 "여자라서 취재하기 편하겠다"라고 진심을 듬뿍 담은 비아냥거림을 건넸다. 여성이기에 남성이 다수인 경찰들이 보다 친절하게 대해주고 기삿거리도 척척 내줄 거라는 이야기였다.

오빠 취재는 사실 100% 망상에 가깝다. 물론 어떤 남성 취재원들은 남성기자보다 여성에게 더 친절할 수 있다. 기자라는 직업보다는 여성으로 봤기에 벌어지는 일이다. 이렇게 일방적으로 '베푸는' 친절은 공적인 관계의 발판이 되기보다는 성희롱으로 귀결되곤 했다. "예뻐서 시간을 내줬다"

라고 너스레를 떨며 시답잖은 말만 떠벌리거나 "치마 입고 오면 잘 해주겠다"라고 음담패설을 하는 취재원도 있다. 여성기자들 사이에서는 새삼스럽지도 않은 일이다. 성희롱과 성추행 경험이 없는 여성기자는 단 14%에 불과하다는 실태조사 결과*가 있을 정도다.

"○○신문에 그 여자 선배 있잖아. 얼마 전 식사 자리에서 ○○ 국회의원을 '오빠'라고 불렀대."

수습기자를 벗어나서도 오빠 취재의 꼬리표는 여성기자에게 끈질기게 따라붙었다. 청와대나 국회를 출입하는 정치부에서 일할 때도, 정부 부처로 가도 여성기자 아무개 한두 명에게는 비슷비슷한 소문이 돌았다. 국회의원이나 장관 등 '남성' 권력자의 팔짱을 끼고 애교를 부리며 친분을 과시한다는 이야기였다. 모두 '카더라식' 소문이라 실제로 확인된 바는 없지만 구설수에 오른 이들의 공통점이 하나 있었다. 이 여성기자들은 일을 잘했다. 출입처에서 주목을 받고 굵직한 단독 기사를 척척 써냈다. 이런 성과는 그들의 능력을 입증하기보다는 오빠 취재의 결과로 폄하됐다. "평소에 애

---

* 한국여성기자협회, 〈한국 여성기자의 업무 실태 및 직무에 대한 인식조사〉, 2021

교를 떨어서 개 전화는 잘 받는다더라"와 같은.

전설 속의 용처럼 실체가 확인된 바 없는 오빠 취재와 달리 언론계에는 '형 문화'가 실존한다. 남성기자가 취재원을, 혹은 선후배 관계인 기자들이 서로를 형이라고 친근하게 부르는 문화다. 정치인도 공무원도 모두 '형'이다. 입사 초기, 동료 남성기자들은 선배들을 형이라 불렀다. 반면에 여성인 우리는 깍듯이 '선배'라고 불러야 하는 상황이 달갑지 않았다. 일부 여성기자들은 "나도 형이라 부르겠다"라고 요청했지만 받아들여지지 않았다. "여자애들이 형이라고 하면 좀 이상하다"라는데 거기다 대고 "그래도 형이라 부르겠다"라고 우겨봤자 관계만 어색해질 뿐이었다.

남성들의 흡연 연대도 같은 맥락이다. 수습기자 시절 나를 포함한 여성기자들은 담배를 배울까 하고 고민했다. 남성기자들은 경찰관과 흡연을 하며 담소를 나누는 사이 '모찌'(언론계에서 고급 정보를 의미하는 은어)를 받곤 했기 때문이다. 그게 아니더라도 그 시간을 이용해 친분을 쌓는 경우가 적지 않았다. 이런 남성 흡연 연대는 언론뿐 아니라 사회 전반에 거미줄처럼 촘촘히 퍼져 남성들끼리의 '부둥부둥'이 가능하게 한다. 세종시에서 일하는 공무원 친구도 이와 관련된 불만을 털어놨다. 담배를 피우는 남성 공무원들이 흡연실에서 주고받는 정보가 상당히 알짜인데, 흡연을 하는 여성 공무원이 흡연실에 나타나면 대놓고 쫓아낸다고 했다.

이런 형 문화는 자연스러운 걸로 여기면서도 오빠 취재는 백안시한다. 남성기자가 친분이 있는 '형' 권력자와 자주 통화하면 능력이 뛰어난 기자라는 평가를 받지만, 여성의 경우 '오빠' 권력자를 홀려 기사를 쓰는 불여우가 된다. 사실 오빠 취재라는 단어는 존재 자체만으로도 기자들의 취재 환경이 남성중심적이라는 현실을 방증한다. 중년 남성이 다수인 사회에서 여성은 언론인이라는 전문성을 갖추고도 권력·서열이 뒤쳐지는 '여동생' 취급을 받는다. 실제로 오빠라는 단어를 입에 담았는지 여부와는 관계가 없다. 한국 사회에서 오빠는 형이나 언니·누나와 달리 단순히 손윗사람을 지칭하는 표현만이 아님을 우리는 모두 알고 있다. 발화되는 순간 공적인 관계에서 여성과 남성이라는 젠더가 부각되는 섹슈얼한 코드일 뿐 아니라 가부장적 질서로의 편입을 가속화하는 일종의 암호다.

동시에 오빠 취재라는 낙인은 여성성 그 자체를 향한 공격이다. 소문의 당사자가 아니더라도 모든 여성기자에게는 끊임없이 어떠한 종류의 '증명'이 요구된다. 바로 여성답지 않은 여성기자라는 이데아다. 얌체같이 굴면서 결정적인 순간엔 몸을 사리는, 치마 입은 계집애가 아닌 털털하고 호탕한, 사내보다 더 늠름하고 용맹한 중성적인 존재. 형이란 호칭을 탐내고 흡연을 고민하던 입사 초기의 우리들. 지금 생각해 보면 이 역시 여성성을 최대한 감추고 남성들에 비해 모자라지 않음을 증명하려는 시도였다.

이런 방법은 당장은 효과가 있어 보이지만 결정적인 순간엔 무용해진다. 오히려 여성을 더욱 궁지에 모는 역할을 하기도 한다. 여성기자 10명 중 9명(85.7%)이 업무 중 성희롱에 노출됐을 때 공론화보다 침묵을 택했다고 한다. 성범죄 피해자가 침묵하는 비율은 사회의 어떤 폐쇄적인 조직보다도 높았다. 엄격한 서열문화가 있는 경찰에서도 성희롱 피해를 당한 여성경찰이 '참고 넘어갔다'는 비율은 78.5%* 였다. 여성기자들이 침묵을 택한 가장 큰 이유는 '물의를 일으키고 싶지 않아서(46.6%)'였다. '취재에 방해될 우려(14.0%)'나 '승진 등에서 불이익 우려(9.1%)'한다는 응답도 있었다.

---

* 경찰청, 〈2019 성희롱 고충 실태조사〉

왜 그런 결정을 내렸는지 묻지 않아도 이해할 수 있었다. 여성성을 드러내지 않는 것을 미덕이라 여기던 이들이 '성' 범죄의 피해자가 됐다고 밝히는 일은 가능하지 않다.

"너희가 데스크(언론사 윗 직급)가 되면 많이 달라질 거야."

우리보다 더 험한 시대를 거쳤을 언론사 여성 선배들에게서 종종 기대 섞인 말을 듣는다. 여성기자로서의 오늘이 고달플 때마다 그 믿음을 떠올린다. 선배들의 취재 환경과 오늘에는 분명 차이가 있다. 지금의 자리에서 하루하루 제 할 일을 하다 보면 언젠가는 남성기자가 '누나 취재'라는 눈총에 시달릴지도 모른다는 불온한 상상을 해본다.

얼굴도 안 보고 데려가는 「딸 부잣집 셋째 딸」

내 주변에는 유난히 셋째 딸이 많다. 자매를 갖고 싶다는 이룰 수 없는 꿈을 가졌기에 "그러면 우리 언니·동생 데려가서 살아라"면서 질색하는 이들의 말에도 그저 부러웠다. 딸 부잣집 셋째 딸은 얼굴도 안 보고 데려간다는 말을 어디선가 주워듣고는 셋째 딸인 친구들에게 좋겠다는 농담을 건네기도 했다.

딸 부잣집 셋째 딸인 친구들에게는 공통점이 여럿 있었다. 손아래 막내 남동생의 존재 외에도, 그들의 이름은 하나같이 다른 자매들과는 동떨어졌다. 큰언니와 둘째 언니의 이름은 보통 돌림자를 쓰거나 비슷한 결이라 누가 봐도 자매라는 걸 눈치챌 수 있었다. 반면 셋째 딸인 친구들의 이름은 돌림자도 아니고 막내인 남동생의 이름과 관련 있지도 않았다. 이상하다고 생각하던 차에 우연히 깨달음을 얻었다. "아들 낳게 해주는 이름으로 지은 거잖아."

친구는 성인이 된 후 개명을 했다고 했다. 대학생이 되고 나서야 그와 처음 만난 나는 개명한 이름밖에 몰랐기에 바뀐 이름일 거라고는 생각지 못했다. 부모님이 지은 친구 이름에는 아들 자(子)가 들어갔다. 이 친구만의 일은 아니었다. 셋째 딸이었던 또 다른 친구는 '아들을 많이 낳은 엄마 친구'와 이름이 같다. 그의 기운을 받아 반드시 아들을 낳겠다는 의지를 담았다고 했다. 역시 딸 부잣집 셋째 딸인 친구는 태어나자마자 다른 집에 보내질 뻔했다. 손꼽아 기다리던 아들이 아닌 딸이라서다. 덕분에 태어난 이후 한참을 이름 없는 아이로 지냈다. 점집에서 그의 이름에 기운이 센 한자를 넣으면 아들을 낳을 수 있다는 얘기를 듣고 나서야 비로소 이름을 얻을 수 있었다. 모두 본인이 아닌 오롯이 남동생을 위한 이름이었다.

이 친구들은 모두 1988년생으로 이미 성차별은 없어졌다는 '요즘 시대'에 사는 여성들이다. 많은 이들이 더 이상 성별에 의한 차별은 존재하지 않는다고 말한다. 특히 젊은 남성들을 중심으로 성차별은 '부모님 세대'의 일이라면서 그들이 저지른 과오를 왜 우리가 책임지느냐는 불만도 나온다. 지금은 오히려 남성이 역차별을 받는다는 주장도 펼친다. 20대 남성의 분노를 다룬 한 언론 기사에서 인터뷰에 응한 남성들은 다양한 사례를 들었다. "초등학교 때 우유 당번 등 궂은일은 남자가 많이 했다." 나 포함 우유 당번을 했던 기억이 생생한 여성들은 어리둥절했다(결국 해당 구절은 추후 기사에서 삭제됐다). 물론 남성이라서 받는 차별도 분명히 있다. 그러나 남성을 향한 차별이 존재한다고 여성을 향한 차별이 없던 일이 되진 않는다.

나는 남동생을 둔 첫째 딸이다. 자라면서 부모님에게 "네가 아들이었으면 둘째는 낳지 않았을 것"이라는 말을 종종 들었다. 유난히 날 예뻐했다는 할아버지는 "첫째가 터를 잘 잡은 덕에 아들이 나왔다"라는 이유로 내게 애정을 베풀었다. 남동생이 태어난 해인 1990년에는 '백말 띠'라고 해서 전국적인 여아 낙태가 이뤄졌다. 전통적인 남아 선호에 더해 백말 띠에 태어난 여성은 팔자가 사납다는 속설이 이를 부채질했다. 그 결과 성비는 116.5명. 이것은 여아 100명이 태어날 때 남아는 116.5명이 태어났다는 의미로 자연 성비(105명)를 훌쩍 뛰어넘는다.

백말 띠인 남동생은 초등학교에 입학한 해 어느 날 훌쩍거리면서 집으로 돌아왔다. 다들 여자아이와 짝을 하는데 자신을 비롯한 몇 명의 남자아이들은 남자끼리 짝을 했다는 이유였다. 시무룩해진 동생을 두고 엄마는 다른 학부모와 함께 '공평하게' 여자 짝꿍을 시켜달라고 학교에 얘기를 해야 하나 고민했다. 당시만 해도 낙태 등의 뒷이야기는 몰랐기에 '왜 굳이 여자랑 짝을 하려고 하지'라는 의문만 가지고 넘겼다. 시간이 흐른 지금 돌이켜보면 섬뜩하다. 직접 딸을 낳아 기르고 싶지는 않지만 아들과 짝지어줄 여자아이는 필요하다는 '편리한' 사고방식이.

강남역 살인사건 이후 한국 사회는 본격적으로 페미니즘 리부트 시기였다. 기운이 센 한자를 이름에 넣은 셋째 누나 덕에 태어난 막내 남동생은 누나들을 앉힌 채 엄중하게 말했다.

"내 주변엔 페미니즘 같은 이상한 소리하는 사람은 없었으면 좋겠어."

막내 남동생은 '장남'인 자신이 부모의 노후를 책임져야 한다는 점이 부담스럽다고 털어놨다. 한국에서는 남성이 집을 마련해야 하므로 결혼은 하지 않겠다고도 선언했다. 원치도 않았는데 남성이기에 주어진 의무는 물론 무거울 테다. 그러나 페미니스트가 싫다는 그는 어쩌면 누구보다 페미니스트일지도 모른다는 생각이 들었다. 남성이라는 성별에 부모 부양이나 결혼 시 주택 마련의 책임을 부여하는 건 가부장제의 신화다. 페미니즘은 오히려 이 짐을 성별에 관계없이 나누어 들자는 목소리다.

그 전에 분명히 짚고 넘어가야 하는 부분이 있다. 막내 남동생의 셋째 누나는 중학교 때 전교 1, 2등을 다툴 정도로 공부를 잘했는데도 집안 형편을 이유로 상업 고등학교에 진학하라는 권유를 받았다. 그는 성적과 무관하게 '당연히' 인문계 고등학교에 갔다. 대학에 진학한 누나들은 등록금을 비롯한 생활비를 스스로 번 반면, 남동생은 등록금은 물론 생활비까지 집에서 꼬박꼬박 받았다. 이런 '특혜'는 당연시하다가 자식의 의무만 나누자는 건 가부장제도 페미니즘도 아닌 그저 헛소리다.

춤파티 37세 女 총리 실각

저신다 아던, 니콜라 스터전, 산나 마린. 2023년 국가 정상의 자리에서 자의 혹은 타의로 내려온 이들이다. 각각 뉴질랜드와 스코틀랜드, 핀란드라는 직접적인 이해관계가 없는 나라에서 일어난 정상 교체였다. 이를 한국에서도 관심 있게 지켜본 건 이들이 모두 여성 정치인이라는 점이 한몫했다. 특히 아던과 스터전의 경우 더 이상 일을 계속할 원동력이 없다면서 스스로 "그만두겠다"고 밝혔다. 정치인으로서는 드문 선택인 만큼 평가는 극명하게 엇갈렸다. 누군가는 "가야 할 때가 언제인가를 분명히 알고 가는 이의 뒷모습은 얼마나 아름다운가"라고 치켜세웠다. 반면 "국민이 준 의무를 내팽개쳤다"는 비판도 나왔다. 정치적 평판을 위해 쫓겨나기 전에 그만뒀다는 평가도 있었다. 정해진 임기를 채우지 않은 만큼 충분히 있을 수 있는 이야기다. 그러나 이들을 싸잡아 "여자라서 그랬다"고 손가락질하는 건 과연 정당한 비판일까.

영국 BBC는 2023년 1월 아던이 사임을 발표하며 가족과 더 많은 시간을 보내고 싶다고 말한 점을 들어 '여성이 정말 모든 것을 다 가질 수 있나'라는 제목을 달았다. 항의가 이어지자 뒤늦게 제목을 수정했다. 그렇지만 기사에는 아던 총리가 취임 이후 임신을 발표했고, 출산 휴가를 가는 등 정치인이라는 직업과 어머니의 책임 사이에서 결국 후자를 택했다는 질책 섞인 뉘앙스가 분명히 남아 있다. 이탈리아의 연정 갈등을 수습하지 못해 사임한 마리오 드라기 전 총리가 스스로 물러날 당시엔 볼 수 없던 기사였다. 국가 정상은 아니지만, 튀니지 내무부 장관이 아내 사망 이후 자녀와 시간을 보내려 사임한다고 밝혔을 때도 남성 정치인의 '일·가정 양립'을 우려하는 목소리는 없었다.

한국 언론도 다르지 않았다. 오히려 한술 더 떴다. 한 신문사는 2023년 4월 소속 정당의 총선 패배로 실각하게 된 마린 핀란드 총리에 대한 기사를 '춤 파티 37세 女총리 실각'이라는 제목으로 보도했다. 그는 앞서 사석에서 친구들과 술을 마시고 춤을 추는 영상이 공개되면서 정치적 위기에 처했고, 당시 국내에서도 이 사건은 적지 않은 주목을 받았다. 정작 이 사건이 핀란드 총선에 미친 영향은 크지 않다. 2022년 12월, 핀란드 최대 일간지 헬싱키 사노마트 여론조사에서 마린 총리의 지지율은 64%로 상당히 높은 편이었다. 마린 총리의 발목을 잡은 건 그의 행실이 아니라 핀란드의 경제 문제가 선거의 최대 이슈로 부각되면서였다. 그런데도 한국 언론은 파티와 재집권 실패를 연관지었다. 반면 코로나19 봉쇄 중 총리 관저에서 벌인 음주 파티 등의 여파로 사퇴한 보리스 존슨 전 영국 총리를 '술 파티 58세 男총리 퇴임'이라고 쓴 기사는 찾아보기 어려웠다.

한국 언론이 영국의 보리스 전 총리에 비해 마린 핀란드 전 총리를 유독 고까워할 정치적·경제적 이유는 없을 테다. 그런데도 후자를 각박한 시선으로 다룬 건 그가 여성, 그것도 젊은 여성이라서다. 중년 남성이 주류인 정계에 감히 들어선 젊은 여성이라는 이질적인 존재는 일거수일투족 주목의 대상이 된다. 이 주목은 동료나 대등한 존재가 아니라 기이하고 드문 동물을 보는 관찰자의 시선에 가깝다. 여성 정치인의 '패션'이 중요한 화두로 다뤄지는 것 역시 이런 까닭이다. 한국의 첫 여성 대통령이었던 박근혜 전 대통령 시절, 옷 색깔 하나하나에 의미를 부여했던 기사는 그에 대한 찬양이라기보다는 차라리 차별에 가까웠다. 그 사실을 언론조차 깨닫지 못했지만 말이다. 언론의 여성 혐오는 대중이 원한 결과이기도 하다. 여성 정치인의 정책에 대한 기사보다는 그의 패션을 다룬 기사가 더 잘 읽히니 말이다.

이 글을 쓰게 된 것은 호주의 '성별 임금 공시제도' 도입에 관한 기사를 썼다가 달린 댓글 때문이다. 성별 임금 격차를 공개한다는 내용에 "우리나라에서 여성 대통령 한 번 잘못 뽑았다가 나라가 시끄러웠던 건 알고서 이 기사 썼나"라는 뚱딴지같은 일갈이 돌아왔다. 덕분에 한국뿐 아니라 전 세계의 여성 정치인이 처한 상황이 그리 녹록하지 않음을 깨달았다. 수많은 남성 권력자의 부정 부패, 스캔들 등 온갖 과오는 '권력자' 잘못이지만, 여성 대통령은 '여성'이 저지른 일이 된다. 영국 가디언에 따르면 2023년 기준 193개 유엔 회원국 중 여성이 정부 수반으로 있는 국가는 12개국에 불과하다. 그러나 나머지 181개국에서 일어나는 정치권의 난맥상을 "남성 지도자를 잘못 뽑았다가 생긴 일"이라고 누구도, 그 어떤 언론도 말하지 않는다.

한 번만 삐끗해도 인류의 절반인 여성 전체의 앞길을 막아버리는 어마무시한 영향력이라니. 이런 거대한 영향력은 영광스럽게도 여성 정치인만 가질 수 있는 건 아니다. 경찰과 군인, 법조인뿐 아니라 심지어 기자라도 여성이 저지른 실수는 곧 여성기자 전체의 잘못이 되곤 한다. 언론계에서 "이래서 여성기자는 안돼"라는 말은 지금도 심심치 않게 들을 수 있다. 어깨가 무겁다. 전 세계 여성기자와 또 여성기자 지망생에게 이 자리를 빌려 미리 석고대죄라도 해줘야 하는 게 아닐까.

좋은 활동으로 보답하기

"좋은 곡을 많이 만들라."

해당 문장은 누가 누구에게 건넬 때 '적절'할까. ① 가수(작곡가)로 데뷔한 제자에게 선생님이 ② 좋아하는 가수를 만난 팬이 ③ 소속사 사장님이 가수에게. 열거된 어떤 상황 어디서라도 그다지 어색하지 않은 이 문장은 의외의 곳에서 의외의 인물로부터 나왔다. 교제하던 여성을 폭행하고 성관계 영상 등을 불법 촬영한 혐의로 재판에 넘겨진 가수 정 모 씨의 첫 공판기일에 판사가 한 말이다. 언론을 통해 알려진 그들의 대화는 이렇다.

판사 A: 재판이 끝났으니 물어보겠다. 직업이 작곡가면 케이팝을 작곡하느냐, 클래식을 작곡하느냐.

정 씨: 대중음악이고 케이팝은 아니다.

판사 A: 혹시 우리가 다 아는 노래가 있느냐.

정 씨: 없을 것 같다.

판사 A: 나도 음악을 좋아하는 편이라 물어봤다. 좋은 곡을 많이 만들라.

기사로 알려진 이 촌극에 열이 뻗쳐 뒷목을 잡았다. 판사가 음악을 좋아하는지 여부도 관심 없지만 "좋은 곡을 많이 만들라"는 덕담을 굳이 그 자리에서 할 필요가 있었을까. 음악 애호가로서 정 궁금했다면 재판이 끝나고 인터넷에 검색이라도 해보면 될 일 아닌가. 가수 지망생이었던 피해자는 불법촬영과 성폭행으로 인한 피해를 호소하며 극단적 선택을 했고 해당 공판에는 피해자 유족도 자리했다. 정 씨의 범죄로 가족을 잃은 이들 앞에서 피의자를 격려하는 심리는 이해할 수도 없고 이해하고 싶지도 않다.

굳이 밝히고 싶지 않지만 사실 정 씨는 나의 '최애' 싱어송라이터였다. 그의 음악은 데뷔 앨범에서부터 늘 나의 취향에 적중했다. 그가 만든 곡은 시적이고 유려한 제목과 가사로 10대의 감수성을 자극했다. 슬플 때나 괴로울 때나 즐거울 때나 그의 음악은 나와 함께했다. 그의 범죄가 언론에 알려졌을 때 나의 지나간 소중한 시간마저 부정당하는 기분이 들었다. 없던 일로 치기에 그의 음악은 내 인생의 배경음악이나 다름없었다. 하루하루가 막막하던 수험생 시절에는 위로를 줬다. 친구와 떠난 여행길, 나란히 앉은 기차에서 이어폰을 한쪽씩 꽂은 채 창밖 풍경을 바라보던 시간 속에도 함께했다. 그의 연말 공연에도 빠지지 않고 자리했다. 한 해를 마무리하고 새해를 맞이하는 일종의 의식이었다.

변색된 추억에 대한 분노와 별개로 그의 범죄는 그가 만든 음악을 '좋아한다'고 말했던 과거의 행동에 죄책감까지 들게 했다. 나의 애정은 그의 돈과 성공으로 이어졌고 이는 '권력'이 되어 결국 피해자를 만들어냈다. 특히 정 씨의 피해자가 가수 지망생이었다는 사실에 마음은 한층 더 무거워졌다. 내가 특이한 경우는 아닌지 온라인 사회관계망서비스(SNS)에는 가끔 자신의 구(舊) 오빠가 저지른 범죄에 괴로워하는 이들의 토로가 올라온다. 다소 격한 표현이지만 "좋아했던 걸 쪽팔리게 만드는 X는 죽어야 한다"는 글이 많은 공감을 얻고 공유됐을 정도로 상처받은 팬들은 적지 않다.

논란이 있는 연예인만 쏙쏙 골라 좋아해서 '범죄자 콜렉터'로 불리는 친구가 주변에 한 명씩은 있지 않을까. 내 친구의 구 오빠도 감옥에 다녀왔다. 그가 준 상처가 희미해질 무렵 '착실해 보인다'라는 이유로 호감을 가졌던 한 남자 연예인은 방역 수칙을 어기고 술집에 갔다가 적발됐다. 친구는 "슬프다, 내가 사랑했던 자리마다 모두 폐허다"*를 읊으며 이제 연예인은 좋아하지 않겠다고 선언했다. 과연 얼마나 갈지는 모르겠지만.

오세연 감독의 다큐멘터리 영화 〈성덕〉은 한때 누군가의 팬이었던 우리 모습을 카메라에 담았다. 그중에서도 연예면을 넘어 사회면에 등장한 스타의 팬들을 조명했다. 감독 역시 연예인 본인이 그녀를 알 정도로 좋아했던 성덕(성공한 덕후)이었지만 그의 오빠는 훗날 범죄자가 된다. 감독이 혼자 코인노래방을 찾아 '너무나 많이 사랑한 죄'라는 가사의 노래를 부르는 장면이 나온다. 그 노래를 부른 아이돌 그룹에조차 범죄자가 포함됐다는 대목에서는 이게 웃긴 건지 슬픈

---

* 황지우, 〈뼈아픈 후회〉

건지조차 모를 애매한 감정이 들었다. 노래 한 곡마저 마음대로 즐길 수 없는 참혹한 시절이지만 영화의 메시지는 분명하다. 가해자와 피해자 사이에서 '상처받은 나'는 그래도 피해자의 편에 서야 한다고.

오 감독은 〈씨네21〉과의 인터뷰에서 영화의 소재 자체만으로도 피해자에게 상처가 될 수 있음을 우려했다. 하지만 피해자 편에 서기로 한 우리의 감정을 드러내는 것이 연대하고 지지하는 더 솔직한 방식일 수 있겠다는 생각에 세상에 내놓기로 했다고 전했다. 그러면서 이렇게 말했다.

"우리는 정준영을 미워함과 동시에 과거에 그를 좋아했다는 사실을 되새기며 평생 피해자들에게 미안함을 가지고 살 수밖에 없을 것 같다. 한때 그에게 돈과 권력, 인기를 쥐여줬으니까."

팬이었다는 사실만으로도 피해자에게 미안한데 재판 과정에서 유족을 앞에 두고 가해자의 '좋은 활동'을 운운했던 판사의 사고방식은 도무지 가늠이 되지 않는다. 가수라는 흔치 않은 직업을 향한 호기심에 더해 앞날이 창창한 남성 음악가의 처지에 더욱 이입을 한 결과일까. 난 이제 더 이상 정 씨의 음악을 듣지 않는다. 그를 좋아했던 과거도 지울 수 있다면 그러고 싶다. 범죄자의 '좋은 활동'으로 보답받고 싶지도 않다. 그저 그들이 진심으로 반성하기를 바란다.

「늦게 다니지 마」라는 2차 가해

잔소리가 드물었던 부모님이셨지만, "늦게 다니지 마"라는 말만은 자라면서 귀가 따갑도록 들었다. 남동생은 이런 단속에서 자유로웠기에 "왜 나한테만 그래"라고 항변을 할 때도 있었다. 평소엔 "요즘 세상에 여자라고 못 할 일 없다"고 등을 밀어주던 부모님은 이 순간만큼은 "여자와 남자가 같냐"라고 말을 바꿨다. 그러곤 언론에 나온 여성 대상 범죄 사례를 줄줄이 읊었다. 기사로 보도되지 않았더라도 '밤 늦게 다녔다가' 큰일을 당했다는 아는 사람의 딸은 주변에 한두 명씩 꼭 있었다. 부모님은 딸인 내게 이런 이야기를 전하며 조심 또 조심을 당부하곤 했다. 이런 염려를 들을 때마다 "그래, 조심해야지"라고 수긍했다. 그러나 마음 한구석에는 끝내 해소되지 않을 물음이 따라붙었다. 과연 내가 "늦게 다니지 않는다면", "스스로 몸가짐을 조심한다면" 온갖 범죄에서 벗어날 수 있게 되는 걸까.

2022년 7월, 인천 인하대 캠퍼스에서 1학년 학생이 숨진 채 발견됐다. 같은 학교 학생이 준강간치사 혐의 피의자로 구속됐다는 소식이 들려왔다. 피해자가 숨지기 직전까지 피의자와 함께 술을 마신 것으로 알려지자 일각에서는 명백한 범죄보다 이 점에 더욱 주목했다. 한 종합편성채널에서는 사건의 원인 중 하나로 '캠퍼스 내 무분별한 음주문화'를 들었다. 늦게까지 술을 마시지 않았다면 사고를 막을 수 있었으리라는 이야기였다. 이 사건을 접한 이들은 "딸을 밤늦게 못 돌아다니게 단속하겠다"라거나 주변 여성들에게 "남자와의 술자리를 조심하라" 등의 걱정을 건넸다. 이는 자라면서 들었던 부모님의 당부와 닮아 있었다. 한국에서 자란 딸이라면 누구에게나 익숙한 이야기였다.

물론 이런 말은 상대방을 걱정하는 나름대로의 선의에서 비롯됐으리라고 믿고 싶다. 그러나 결과적으로는 "안타까움을 가장한 비난"에 가깝다는 것이 허민숙 국회 입법조사관의 분석이다. 피해자에 대한 직설적인 비판이 아니더라도 '술을 마시지 않았다면', '집에 일찍 돌아왔다면' 등 피해자의 행실에 주목하는 일은 몸가짐을 조심하고 올바르게 처신했어야 한다는 논리로 이어진다. 한국성폭력상담소가 펴낸 『성폭력, 의심에서 지지로』 소책자에서도 "피해자에게 '조심해'라고 말하는 것은 마치 피해자가 조심하지 않아서 피해를 겪은 것이라고 비난하거나 질책하는 말로 전달될 수 있다"라고 짚었다.

피해자 책임론은 성범죄를 '개인의 문제'로 여기도록 하는 동시에 가해자의 책임을 옅게 한다. 유독 성범죄에서만 피해자의 행실을 탓하고 범죄의 원인을 가해자가 아닌 피해자에게서 찾는다. 이런 현상은 또 다른 가해라는 인식조차 없이 이뤄진다. 한국형사·법무정책연구원 승재현 박사는 YTN 인터뷰에서 "피해자는 어떠한 귀책사유도 없다"라면서 "친구를 만나서 시험 마치고 즐거운 마음으로 술 먹는 게 절대로 나쁜 게 아니다"라고 했다. 그러면서 "그걸 악용하는 가해자가 나쁜 것"이라고 강조했다. 그렇다, 나쁜 건 가해자다. 노출이 있는 옷을 입고 밤 늦게 술을 마셨다고 그것이 성범죄의 '원인'이 될 수는 없다.

더 큰 문제는 이런 말을 하는 사람은 자신이 또 다른 가해를 저지르고 있음을 전혀 인지하지 못한다는 점이다. 허민숙 조사관은 "사건의 원인을 피해자가 충분히 주의하지 않아서 일어난 것으로 생각하는 것 자체가 2차 가해"라고 지적했다. 권인숙 전 한국성폭력상담소 부설 연구소 '울림' 소장은 2015년 '우리가 말하는 피해자란 없다' 토론회에서 "성폭력 피해자들은 성폭력 피해 자체에서 파생되는 피해보다 주변 사람들의 성 통념으로 인한 피해가 지배적"이라고 했다. 성범죄에 의한 피해는 시간이 흐르면 회복될 수 있다. 그러나 2차 가해는 다수로부터 지속해서 혹은 평생 이뤄지기 때문에 계속해서 피해자의 설 자리를 좁힌다. 한국성폭력상담소의 상담 일지와 심층 면접 등을 통해 조사한 결과 2차 피해 경험이 높을수록 성폭력 트라우마도 높게 나타난 것으로 밝혀졌다. 성폭력에 대한 주변의, 부정적, 낙인적 반응은 트라우마에 영향을 주는 유의미한 변수였다.

인하대 캠퍼스 성범죄로부터 1년이 흐른 2023년 8월, 서울 관악구의 한 공원에서 일어난 성폭행 사건은 이런 '당부'가 얼마나 무의미한가를 보여준다. 피해자는 오전 11시 40

분이라는 훤한 대낮에 출근을 위해 공원을 지나고 있었다. 이 피해자는 얼마나 어떻게 더 조심했어야 비극을 피할 수 있었을까.

2022년 한국에서 강간이 가장 많이 발생한 시간은 21시에서 23시 59분까지였다. 그러나 그 뒤를 이은 건 '15시에서 17시 59분까지'이다. 강제추행의 경우 21시에서 23시 59분까지, 그 다음으로 '18시에서 20시 59분까지'에 가장 잦았다. 이외의 시간대에도 관련 범죄는 꾸준히 있었다. 또 강간의 절반 이상은 '아는 사람'에 의해 저질러졌다.* 이런 명징한 반증에도 '늦게 다니지 마'론자들은 "그래도 피해자가 조심하는 편이 범죄의 확률을 낮출 것"이라면서 걱정을 가장한 비난을 멈추지 않는다.

정말로 피해자가 걱정되어 죽을 것 같다면 어떻게 해야 할까. 실제로 성폭력 피해자에게 가장 도움이 된 일은 "무슨 일이 일어났는지에 대한 내 설명을 믿어 주었다", 바로 경청이었다. "내 편에 섰고, 나에 대한 어떠한 판단도 하지 않았다"와 "나의 감정을 귀담아듣고 이해해 주었다"가 그 뒤를

---

* 〈**경찰청 범죄통계**〉, 2022

이었다. 이 내용은 무려 10년 전, 2015년 '우리가 말하는 피해자란 없다' 토론회에서 이미 발표된 내용이다. 이전에도 그리고 앞으로도 우리 사회가 성범죄 피해자에게 보여야 하는 태도는 조언이나 충고가 아니라 지지다. "조심하라"는 충고는 제아무리 조심한다고 해도 '운이 나쁘면' 피해자가 될 수 있는 사람이 아니라 가해자에게 해야 마땅하다.

여성 장관이 잘되면

여성의 삶은 변한다

"김현미 장관 아니면 유은혜 장관, 뭐 강경화 장관, 추미애 장관 이런 분 탄생했다고 해서 여성들의 삶에 무슨 변화가 일어났나."

이준석 전 국민의힘 대표는 여러 인터뷰에서 이렇게 묻는다. 남녀 동수 내각과 여성 장관 30%를 공약했던 문재인 정부는 역대 어느 정부보다 여성 장관 비율이 높았다. 가장 여성 장관이 많았던 시기(2020년 1월) 기준, 33%로 문재인 대통령이 임명한 전·현직 여성 장관은 총 12명에 이른다. 이를 바꿔 말하면 나머지 40여 명의 장관은 모두 남성이라는 뜻이다. 그런데도 이준석 전 대표는 '여성 장관'만 물고 늘어지면서 여성 장관 30% 할당제가 갈등을 조장하는, 한국 사회에 도움이 되지 않는 제도라는 결론을 내렸다.

사실 나만 하더라도 문재인 정부에서의 여성 장관 약진으로 삶에 딱히 놀라운 변화가 생기진 않았다. 여성이 고위직에 더 많이 진출했다고 다른 여성들의 연봉이 오르거나 노동 시간이 줄진 않는다는 의미다. 남녀 동수 내각을 달성하더라도 마찬가지다. 심지어 대통령이 여성이었던 박근혜 정부에는 여성 장관이 고작 4명이었다. 여성의 삶 역시 남성 대통령 시절에 비해 비약적인 발전을 이뤄내지 못하는 듯했다.

최근 "엄마, 난 나중에 커서 간호사가 될래"라는 지인의 여섯 살 난 딸 이야기를 듣게 되었다. 아토피로 고생하는 아빠를 고쳐주려 선택한 직업이라는 설명에 괜히 코끝이 찡했는데 정작 지인의 반응은 미적지근했다. 병을 치료하는 일이라면 의사도 있건만 간호사가 되고 싶은 이유가 궁금해서 물었다가 돌아온 대답 때문이었다. "의사는 남자만 하는 거잖아."

왜 지인의 딸은 의사를 '남자의 일'이라고 생각했을까. 어찌 보면 당연한 일이다. 아이가 감기에 걸려 찾았던 동네 소아과나 치과 의사 선생님은 으레 남성이었다. 의사의 곁에서 환자를 돌보는 간호사는 대부분 여성이다. 드라마나 영화 속에서도 마찬가지다. 동화책 삽화에서조차 이런 공식은 불변이다. 심지어 동물 캐릭터도 남성적이라 여겨지는 외양의 동물은 의사, 머리카락과 속눈썹이 길고 분홍색 리본을 단 동물은 간호사로 그려진다. 여자인 자신이 병을 고치려면 간호사가 되어야 한다고 여길 수밖에 없는 환경이었다. '여성 의사'의 존재가 낯설지 않았다면 지인의 딸은 아버지의 아토피를 치료하는 의사를 꿈꿨을 터였다.

장관을 비롯한 여성 정치인의 업적을 떠나 이들을 보고 단 한 명의 여자아이라도 '나도 장관이 되겠다'라는 꿈을 품었다면 그것만으로도 엄청난 변화다. 미국 드라마 〈X-파일〉에는 법의학을 전공한 미 연방 수사국(FBI) 요원 스컬리 박사가 있다. 〈X-파일〉을 보고 자란 여성들이 이공계로 진로를 택하는 비율이 높아졌다. 이를 '스컬리 효과*'라고 한다. 간호사와 비서, 영부인만 있던 세상에 의사와 사장, 대통령이란 진로 역시 존재한다는 사실을 알게 된다면 가능성은

---

* 미디어 속의 젠더 연구소, 2019

무궁무진해지기 마련이다. 내가 김현미 장관을 비롯한 여성 장관의 열광적인 지지자가 아닌데도 이 글을 쓰는 이유다.

여성 할당제를 비판하는 이들은 이런 사실을 모르는 걸까, 아니면 외면하려는 걸까. 어쩌면 여성이 고위직에 오르는 일 자체를 반기지 않는지도 모른다. 이전에 쓴 페미니즘 관련 기사에 "민주당은 여성 장관이니 법조인이니 챙기지 말고 저소득층, 비정규직 여성을 챙겨라"라는 댓글이 달렸고 많은 공감을 샀다. 이 댓글은 남성들의 솔직한 속내일 수 있다. 자신에게 위협이 되지 않는 '불쌍한' 여성은 너그럽게 포용하고 또 경우에 따라선 지원까지 할 수 있다. 그러나 이전까지 남성의 영역이었던 공간에서 파이를 나눠 가지려는 여성은 경계하고 짓밟으려 든다.

더 이상 여성이 차별 받는 사회가 아니므로 여성 할당제가 필요 없다고도 한다. "1985년생 여성이 변호사가 되는 시대에 무슨 차별을 받느냐", "국민의힘 최고위원 선거에서 여성 의원 3명이 자력으로 당선된 것을 보니 (여성)할당제는 필요 없다" 등 역시 이준석 전 대표의 말이다. 여성 할당제라는 제도가 실제 적용되는 영역은 극히 일부라는 점은 제쳐두자. 정당에서 여성 최고위원이 3명이나 탄생하는, 그만큼 흔하지 않기에 언론에서 주목할 만한 사례이다. 이를 가지고 '차별이 없다'라고 주장하는 일도 우습지만 눈앞의 현실조차 제대로 보지 않고 뱉은 말이다. 당장 그가 몸담은 국회만 봐도 알 수 있다. 제21대 국회의원 중 여성 의원의 비율은 19%다. 이는 대한민국 헌정 역사상 최고 기록이다. 국제 의회연맹(IPU)에 따르면 한국의 여성 의원 비율은 회원국 중 121위에 해당한다.

여성 할당제는 한국 사회에만 있는 제도도 아니다. 정치뿐 아니라 사회 다양한 영역에서 여성 대표성 강화를 위한 '인위적'인 노력이 있었다. 국민의 다양성을 정치에 반영하려는 취지로 오래전부터 국제 사회에서 추진해 왔다. 국민의 절반이 여성인데 정작 '삼권'은 모두 남성이 쥐고 있는 명백히 불평등한 상황. 이런 성차별의 역사가 자연스레 해결되리라 기대하기엔 차별이 뿌리 깊게 자리 잡고 있다. 세계에서도 드문 여성 지도자로 유명한 앙겔라 메르켈 총리 역시 '동독 출신 여성'이라는 배경에 힘입어 정계 입문 1년 만인 36세에 장관이 됐다. 당시 총리였던 헬무트 콜이 이끄는 첫 통일 독일 정부의 구색 맞추기식으로 임명된 것이다. 트로피 장관 메르켈은 수년 후 독일 국민을 넘어 국제사회의 존경과 신뢰를 한 몸에 받는 인물로 거듭났다. 정치적 멘토인 헬무트 콜 총리와 나란히 재임기간 16년으로 역대 최장수 총리에 오르기도 했다.

퇴임을 앞둔 메르켈 총리는 자신이 '페미니스트'임을 공개적으로 밝혔다. 재임 시절에는 별다른 여성 정책을 내놓지 않던 그였다. 메르켈 총리가 집권하는 동안 독일의 양성평등 순위는 6위에서 11위로, 오히려 떨어지기까지 했다. 2017년 주요 20개국(G20) 여성경제정상회의에서는 "페미니스트인가"라는 질문에 모호한 답변으로 사실상 확답을 피해가기도 했다. 그랬던 메르켈 총리가 페미니스트 선언에 나선 것이다. 물리학을 전공한 그는 남성 중심의 학문을 공부하는 소수의 여성에 속했다. 그는 연구와 집안일의 병행으로 고군분투하며 자신의 입장을 위해 싸우는 법을 배웠다고 회고했다. 그러면서 "우리 모두 페미니스트가 돼야 한다"라고 덧붙였다.

메르켈의 속내는 알 수 없다. 퇴임을 앞두고 본색을 드러냈다고도 하고 선거 판세가 기울자 진보 표심을 노리고 내놓은 발언이라는 해석도 있다. 그러나 그의 퇴임 당시 독일 청소년 사이에서 "남자도 총리를 할 수 있나"라는 질문이 나온 건 상징적이다. '칸츨러린(Kanzlerin)'은 총리를 뜻하는 독일어 '칸츨러(Kanzler)'의 여성형 명사다. 메르켈이 총리직에 앉고 나서야 만들어진 말이다. 그렇지만 1990년대 중반 이후에 태어난 독일 청년들은 어릴 때부터 '칸츨러린'만 듣고 보며 자랐다. 그들에게는 남성 총리가 생소할 수밖에 없다.

이것이 '트로피 장관'이었고 페미니즘에도 별 관심이 없어 보였던 여성 총리가 가져온 분명한 삶 속의 변화다.

쌈 싸주면 결혼까지 생각하는

내 연애 못지않게 재미있는 게 바로 남의 연애다. 드라마와 영화도 따지고 보면 타인의 사랑 이야기다. 누군가의 사랑 이야기를 향한 갈망은 잘 만들어진 가공의 세계를 넘어 '날 것' 그대로의 현실 연애에까지 닿아 결국 이를 카메라 앞에 세웠다. 일반인 출연자가 미팅 형식으로 만나 서로를 향한 '사랑의 작대기'를 날렸던 1세대 연애 예능 프로그램 〈사랑의 스튜디오〉(MBC, 1994)에 이은 2세대 〈짝〉(SBS, 2011)은 기념비적인 작품이다. 스튜디오를 벗어나 출연진들이 일주일 동안 부대끼며 호감을 주고받는 모습을 관찰하듯 촬영했다.

예능과 다큐멘터리의 아슬아슬한 경계를 넘나든 〈짝〉은 이후로도 수많은 아류작을 탄생시켰다.

그러나 화제작이었던 〈짝〉을 단 한 편도 본 적이 없다. 출·퇴근길에 종종 마주치는 윗집 사람 혹은 얼굴만 아는 회사 선배, 친구의 친구 정도인 지인의 연애를 지켜보는 느낌이라 못내 괴로웠다. 그렇기에 〈나는 솔로(나는 SOLO)〉라는 새로운 연애 예능 프로그램에도 그다지 관심이 없었다. '결혼을 간절히 원하는 솔로 남녀들이 모여 사랑을 찾기 위해 고군분투하는 극사실주의 데이팅 프로그램'이라는 기획의도도 새롭지 않아 보였다. 무심코 넘겨버린 '극사실주의'라는 단어가 문제였을까. 〈나는 솔로〉는 너무나 현실적인 출연진들의 행동으로 주목을 받아버렸다.

"언제까지 이렇게 재실 거예요?"

〈나는 솔로〉의 남성 출연진 영철*은 저녁 데이트 자리에서 다른 여성 출연진을 향해 따지듯 묻는다. 이들은 어제 처음 만난 사이였고 이제 막 서로를 자세히 알 수 있는 개인적인 자리를 갖게 된 참이었다. 그러나 영철의 질문에는 명백

---

* 가명이다. 〈나는 솔로〉의 출연자들은 사생활 보호를 위해 실명 대신 영철, 영순, 정자, 정식 등 대한민국 필부의 이름을 사용한다.

한 분노와 책망이 묻어났다. 부당한 일이다. 여성이 실제로 상대방을 재고 있다 치더라도 여러모로 따져 보고 헤아리는 행동 자체가 비난받을 일은 아니다. 연애 예능 프로그램의 취지 자체가 외모와 성격, 취향 등이 제각기 다른 여러 이성과 어울려 보고 사랑을 찾는 것 아니던가.

"만난 지 이틀밖에 안 됐다. 조금만 더 알아가자"라는 여성의 대답에도 그는 멈추지 않고 고압적인 태도로 채근했다. 결국 불쾌한 티를 내며 분위기를 망쳐버린다. 이후 '사랑은 머리가 아닌 가슴으로 하는 것'이라며 여성 출연자를 향해 직진하던 이 남성은 표변하여 상대를 헐뜯기 시작했다. 방송 이후로 그의 태도를 지적하는 이들이 많아지자 오히려 여성을 노골적으로 탓하는 의견을 SNS에 공공연하게 남길 정도였다. 저격 대상이 된 여성 출연자는 결국 자신의 SNS에서 "공개할 수 없지만 4박 5일 동안 방송에 나가지 못할 순간들과 버티기 힘든 경험이 많았던 부분이 있었다"라고 밝혔다.

촬영장에서의 경험 때문에 상담·약물치료를 병행하는 중이라는 여성의 고백에 많은 이들의 우려와 격려가 쏟아졌다. 물론 모두가 한 마음 한뜻으로 그를 위로한 건 아니었다.

일각에서는 오히려 여성을 질책했다. 저녁식사 자리에서 고기 굽느라 식사를 제대로 못하는 영철에게 '쌈'을 싸 입에 넣어주고 다정하게 말을 받아주는 등 여지를 줬기에 일어난 일이라는 것. 여성이 남성에게 호감이 있다고 착각할 수 있는 행동을 했기에 영철의 태도가 정당하다는 논리였다.

법원마저도 앞 접시에 고기를 덜어준 것을 "성관계에 묵시적으로 동의한 것일 수 있다"라고 해석했을 정도니 놀라운 일도 아니다. 2019년 초, 채팅 앱으로 처음 만난 여성과 식당에서 감자탕과 함께 소주를 마신 남성은 귀갓길 차 안에서 성폭력을 저질렀다. 의정부지법 고양지원 형사 1부는 술을 마시고 운전한 혐의에 대해서는 벌금을 선고하면서 강간죄는 무죄라고 봤다.

당시 여성이 '고개를 젓고 밀치며 단호하게 하지 말라고 제지'했지만 "피고인이 상대방의 반항을 현저하게 곤란할 정도로 폭행·협박하지 않았다"라는 이야기였다. 그러면서 "피고인이 '여성도 성관계를 동의했다'라고 오해했을 가능성을 완전히 배제할 수 없다"라는 근거로 네 가지를 들었다. 감자탕 집에서 여성이 피고인의 접시에 감자탕 고기를 넣어준 점, 성관계에 앞서 피고인이 '오늘 같이 있을래?'라고 물어본 점, 여성의 손을 잡는 스킨십을 먼저 시도했던 점, 여성이 경찰 조사에서 '성관계 정도는 아니더라도 스킨십을 할 줄 알았다'고 한 점 등이다.

입에 넣어준 '쌈'과 감자탕 집에서 덜어준 '고기', 그리고 스킨십은 물론 호의일 수 있다. 친절한 마음씨 또는 좋게 생각하여 주는 마음(《표준국어대사전》)인 호의. 그것이 결코 연애나 결혼, 성관계로 곧바로 이어질 수 없다는 점은 주지의 사실이다.

제목을 빌린 책 『친절하게 웃어주면 결혼까지 생각하는 남자들』에서 저자 박정훈 〈오마이뉴스〉 기자는 "여성들이 낯선 사람에게 보이는 친절함을 자신을 향한 호감이라고 단정하는 남성들이 꽤 있다"라고 썼다. 자라면서 끊임없이 여성을 성적 대상으로 상정한 결과다. 이런 사회 분위기에서 여성들은 학교나 직장에서 '웃지 말라, 친절하지 말라, 사무적으로 대하라'는 조언을 서로 나눴지만 남성들의 착각은 교정되지 않았다. "여성의 노(NO)는 사실 예스(YES)"라거나 "좋으면서 쑥스러워 한 번 팅기는 것"이라는 말을 여전히 농담처럼 주고받는다. 아무리 여성이 기계적인 태도로 이성을 대한다 해도 남성의 인식이 바뀌지 않으면 변할 수 없는 구조인데도 이를 나무라기는커녕 우스갯거리로 삼았다.

몇 해 전부터 서비스직으로 일하는 젊은 여성들이 손님으로부터 "좋아한다"라는 고백을 받아 곤욕을 치르는 일이 사회문제로 떠올랐다. 이들은 편의점이나 카페 등에서 일하는 젊은 여성으로, 상대에게 친절하게 대했다가 안면만 익은(혹은 존재조차 모르던) 손님으로부터 고백을 받았다. 온라인 커뮤니티 등에서 '고백으로 혼내주기'라는 신조어도 생겼을 정도다. 해당 신조어가 이성에게 매력적이지 않은 처지를 자조적으로 한탄하는 동시에 막무가내 고백이 폭력이 될 수 있다는 점을 상기시켰다는 노고는 무시할 수 없다. 다만 왜곡된 성 관념이 깔려 있다는 점은 간과되곤 한다. 일방적인 고백을 수동적으로 받아들일 수밖에 없는 여성, 성·연령 모두에서 상대적으로 취약한 위치인 여성 서비스 노동자의 고충 또한 무시됐다.

〈나는 솔로〉 역시 무례한 남성의 행동을 제지하지 않고 내버려둬 여성 출연자의 곤욕을 한낱 오락거리로 만들었다. 출연자 개인뿐 아니라 어쩌면 제작진의 책임이 더 큰 이유다. 여성은 눈물을 흘리며 다른 여성 출연자에게 영철이 "무서웠다"라고 호소했지만 제작진은 '리얼리티'를 이유로 개입하지 않았다. 영철을 둘러싼 설왕설래 덕으로 시청률은 뚜렷한 상승세를 보였지만 이것이 과연 자랑할 만한 성과인 가. 방임을 리얼리티로 포장한 결과 이 여성 출연자는 촬영 이 끝난 시점에도 영철로부터 정당하지 않은 비난에 시달리 고 있다. 예능 프로그램이 현실의 폭력으로 이어진 셈이다. "제가 처한 상황에서 대응할 방법을 찾고 있다"라는 여성 출 연자의 말은 그간 수많은 여성 피해자의 외침을 떠오르게 한다. 왜 피해자가 스스로를 지킬 방법을 찾고 누가 봐도 인 정할 정도로 맹렬히 '저항'해야만 하는가.

접시에 덜어준 고기를 적극적인 호감으로 봤던 '감자탕 성폭력 사건'은 2심에서 뒤집혔다. 당연한 결과다. 2심 재판 부는 "피해자가 무리하게 저항했다가는 더 큰 피해를 입을 수 있다는 생각에 적극적으로 저항하지 못했던 것으로 보인 다"라면서 피고인에게 징역 2년을 선고했다. 피고인은 "피해 자가 성관계에 동의한 줄 알았다"라고 주장했다. 그러나 2심 재판부는 '납득할 수 없는 변명'이라고 여기고 받아들이지 않았다. 1심 판결에 대해서도 "법리를 오해한 잘못이 있다" 라고 지적했다. 그렇다. 쌈을 싸줬다고, 고기를 덜어줬다고, 혹은 웃었다고 결혼까지 생각하는 남자들. 상대방의 마음을 함부로 추측하고 행동하면 그것만으로도 범죄가 될 수 있다. 착각은 자유라지만 자칫하면 '법정'에 설 수도 있다는 사실을 알아두시길.

「여자도 군대 가」면 세상이 바뀔까

"대한민국 남성은 (⋯) 병역의무를 성실히 수행하여야 한다. 여성은 지원에 의해 현역 및 예비역으로만 복무할 수 있다." 병역법이 존재하는 한국에서 여성으로 태어난 이상 군대는 일종의 원죄다.

대학교 신입생 시절, 예비군 훈련 시기가 다가오면 선배들은 '여자 후배'들에게 연락해 뒤풀이 술자리에 참석하라고 했다. 교류가 드문 고학번 선배와 신입생이 서로 알고 지내자는 취지였지만 군복을 입은 남자 선배와 여성 후배밖에 없는 술집에는 기묘한 위화감이 있었다. 예비군 선배의 빈

잔을 채워주라며 옆구리를 찌르는 선배를 외면하며 농담처럼 물었다. "왜 남자 후배들은 안 불렀어요. 오고 싶다는데." 그 자리를 주도했던 선배는 당연하다는 투로 "남자애들은 어차피 나중에 군대 가잖아"라고 답했다. 순간 은은한 굴욕감이 들었다. '어차피' 군대에 가지 않는, 그렇기에 군인에게 '보답'해야 하는 스스로의 존재에 대해서.

군대는 한국 사회의 여성인권 신장 주장에 대응하는 무적의 논리로 쓰이기도 한다. 남성만 의무복무를 하는 '불평등한' 한국 사회에서 평등을 주장하는 일은 어불성설이라는 것. "정말 평등을 원한다면 여자도 군대부터 가라"라는 마법의 문장 하나면 각종 성평등 지표에서 최하위권을 기록하는 한국의 현실은 논할 가치가 없는 주제가 된다. 군대가 남성 역차별의 대표적인 사례로 자리 잡았으나 "여성도 징병하자"라는 주장은 남성 진영에서만 나오는 목소리는 아니다. 여성 군 복무는 오히려 페미니즘 진영에서 오래 연구하고 논의해 온 주제 중 하나다.

페미니즘의 갈래마다 결론은 갈리지만 자유주의 페미니즘 진영에서는 남성과 동등한 지위를 얻는 차원에서 여성의 군 복무를 독려했다. 세계대전 때도 이런 이유로 참전을 택한 여성들이 있었다. 특히 분단 상황이라 군이 가지는 영향력이 강력한 한국에서는 군대가 여성의 시민권이 온전히 보장받지 못하는 이유가 된다는 분석도 있다. 서울대학교 법학전문대학원의 양현아 교수(젠더법학)는 '시민권'이라는 주제를 중심으로 군 문제에 접근한다. "한국에서 군사제도가 갖는 시민권적 의미는 남다르다. 남성은 징병제에 대해 불만을 제기할 수 있는 발언권을 가졌다. 여성은 없다. 군 문제에 발언하지 못하는 집단이 완전한 시민권을 가졌다고 할수 있을까(《시사IN》)"라는 것이 그의 의문이다.

나 역시 국회 국방위원회에서 발표한 군 문화 개선 방안기사를 썼다가 익명의 독자들로부터 "이름을 딱 보니 여자인데 군대도 안 다녀와 놓고 어디서 이래라 저래라냐"라는 엄중한 꾸지람을 받은 경험이 있다. 국회라는 공신력 있는기관의 발표를 그대로 받아썼을 뿐인데도 '감히' 여성이 군대에 대해 말을 얹었다는 사실(정확히는 사실을 전달했을 뿐)으로도 누군가를 분노케 한다니. 이럴 때마다 새삼 한국에서 군대가 가지는 어마어마한 영향력을 실감한다.

여성이 징병 되면 '성 평등한 한국 사회'가 찾아올까. 러시아의 침공으로 전쟁터에 나선 우크라이나 여성들을 보면 이런 의문이 어느 정도 풀린다. 우크라이나에서 여성은 의무 복무 대상이 아니지만 나라의 위기 앞에 총을 든 여성이 적지 않았다. 정확히 집계된 바는 없지만 군인으로 전장을 누비는 여성이 전체 군인의 20%에 달한다. 그러나 2017년 이전까지 우크라이나 군대에서 여성은 전투병과에 소속될 수 없었다. 출산을 '국가적 의무'로 여겼던 구소련의 영향으로, 전투가 여성의 생식 기능에 부정적이라는 이유에서였다.

철저히 남성 중심적이었던 우크라이나 군은 전쟁이라는 비상 상황에다가 병력이 밀려 여성에게도 문을 열 수밖에 없었다. 그러나 군대는 이들을 맞을 준비가 되어 있지 않았다. 여성을 위한 표준 전투복이 갖춰지지 않아 작은 치수의 남성복을 끈으로 고정한 채 전투에 나서야 했고 제대로 된 전투화도 없었다. 여성용 속옷이나 위생용품도 지급되지 않아 알아서 구해야 했다. 성별을 이유로 복무를 거절당하는 사례도 있었다. 아나스타샤 블리시크는 "군 관계자로부터 '여자는 집에 돌아가 아이나 낳아라'라는 말을 듣고 다른 부대를 찾아야 했다"라고 〈뉴욕타임스〉에 전했다.

같은 자리에서 복무하더라도 여성을 보는 시선이 더 깐깐하기도 하다. 기자 출신으로 국토방위군(예비군)에 합류

한 마리나 몰로슈나는 영국 BBC에 "군인이 남성이라면 자연스레 존경이 따라붙지만 여성은 까다로운 평가 끝에 자격이 주어진다"라고 설명했다. 전장에서 적과의 전투 못지않게 '여군의 가치'를 증명하는 일이 쉽지 않았다는 이야기다. 우크라이나의 여성 저격수들도 비슷한 분위기를 전했다. 90명의 저격수 지원자 중 훈련을 거쳐 최종 선발된 인원(5명)이었지만 우크라이나 군은 여성을 저격수로 쓰는 일 자체에 부정적이었다.

전쟁이 길어지며 나온 궁여지책이라도 우크라이나 군이 이전보다 여성에게 개방된 것만은 사실이다. 틀림없이 여성 인권 향상에 긍정적인 신호다. 다만 이 사실 자체가 인권의 진전을 의미하지는 않는다. 군에 들어간 이후로도 여성이라 차별받는다면 과연 '성 평등한 군대'일까. 입대 후에도 우크라이나 여성들은 러시아 군과 성차별이라는 두 가지 적과 싸워야 했고 지금도 그들의 전투는 진행형이다.

여성 징병제에서 한국의 모습도 크게 다르지 않다. 지금도 한국 여군들은 여자 화장실이 없어 먼 길을 돌아가거나 상급자의 '배려'로 그들 몫인 개인 화장실을 빌려 쓰는 처지다.

애초에 군대에 여성을 들이지 않았던 건 페미니즘 때문이 아니라 가부장제의 유산이었다. 2010년과 2014년, 남성만의 의무복무가 헌법에 어긋나지 않다고 본 헌법재판소의 결정에도 이런 시각이 배어 있다. "근력 등이 우수한 남성이 전투에 더욱 적합한 신체적 능력을 갖추고 있다. (…) 신체적 능력이 매우 뛰어난 여성의 경우에도 월경이 있는 매월 일주일 정도의 기간 동안 훈련 및 전투 관련 업무수행에 장애가 있을 수 있다. 임신 중이거나 출산 후 일정 기간 위생 및 자녀양육 필요성에 비춰 영내 생활이나 군사훈련 자체가 거의 불가능하다."

헌재 결정문은 또 여군을 위한 시설과 관리 체계를 충당하기 어렵고 성희롱이나 성적 기강 해이 우려도 언급했다. 여성의 군 복무로 생기는 이익이 이를 위해 지불해야 하는 사회적 비용에 비해 적다고 평가한 셈이다. 한국전쟁 직후에도 이와 비슷한 여군 무용론이 등장했다. "여군의 신체 특성상 전투 임무가 제한, 활용도가 떨어지고 여군 유지비만 과도하게 소요된다"는 것이다. 50년이 흘렀지만 골자는 다르지 않다. 여성은 여전히 군대에서 쓸모가 떨어지는 존재로 여겨진다.

우크라이나 군대에서 여성이 차지하는 자리가 불가피해

졌듯 한국의 군도 비슷한 길을 밟을 수밖에 없다. 출생률이 줄면서 장교나 부사관 지원율은 계속 급감하고 있다. 학군사관후보생(ROTC) 경쟁률은 2023년 2.4 대 1까지 하락했다. 불과 7년 전인 2015년 4.5 대 1이었던 것에서 반토막이 났다. 수도권 대학 중 ROTC 정원을 못 채우는 곳도 등장했다. 이런 빈자리는 여성으로 채울 수밖에 없다. 한국군의 생존을 위해서 전투병과 장교 및 부사관의 여성 비율 확대는 반드시 달성해야 할 목표다.

여성이 지금보다 더 많이 군대에 간다면 세상은 분명히 바뀔 것이다. 다만 남성의 상대적 박탈감을 위로하는 차원의 여성 징병제라면 입대 후에도 여전히 남성의 '치어리더'에서 벗어나지 못한다. 지금도 회식에서 남성 지휘관 옆자리가 여군인 것은 당연하다. 군대 바깥에서도 여군을 성적 대상화하는 웹툰이 제재 없이 인기를 끈다. 이는 여군 39명 중 25명(64.1%)이 "근무 기간 중 다른 군인으로부터 성범죄(성희롱·성추행·성폭행 등) 피해를 직접 당한 경험이 있습니까"라는 질문에 "있다"라고 답하는 현실*로 이어진다. 2021

---

* 한겨레신문 조사, 2021년 6월

년 성추행 피해 신고 후 숨진 고(故) 이예람 중사가 사망한 공군 부대에서 다음해 여군 부사관이 죽었다. 같은 해 12월 해군에서 성범죄가 벌어져 피해자인 여군이 다시 극단적 선택을 했다. 남성 징병제가 부당하다고 이야기하는 이들은 하나같이 여군의 잇따른 죽음을 외면한다. 군대 내 소수자인 여군의 처우 개선은 결국 군대 전체의 질적 상승으로 이어지기 마련인데 말이다.

성공회대학교 김엘리 외래교수도 자신의 책*에서 "여성이 군대에 가느냐 마느냐가 아니라 '군대는 갈 만한 곳인가'를 묻는 게 더 나은 논쟁 방향"이라 말한다. 또, "젠더 갈등이아니라 군대가 논의의 초점이 되어야 한다"고 짚었다. 남성의 상실감을 보상하는 차원에서 여성을 군대에 밀어 넣는일은 또 다른 상실을 부를 뿐이다.

---

* 김엘리, 『여자도 군대 가라는 말』, 동녘

몸에서 떡볶이 냄새가 나던 고등학생 시절, 친구의 생일이었다. 즐거웠어야 하는 날이지만 한 사람 때문에 최악의 날로 추락했다. 노래방에서 놀다가 나오는 길에서 맞닥뜨린 체육교사 때문이었다. 학생들을 늘 이름이 아닌 '야'나 '너' 아니면 '인마'로 부르면서 당시 드물지 않던 체벌도 일삼던 사람이었다. 나 역시 뜀틀이나 허들을 제대로 넘지 못했다는 이유로 종종 고무망치로 머리를 맞은 기억이 있다. 마주쳤다가 괜한 꾸지람을 들을까 못 본 척 피해가기로 하고 흩어지는데 몇몇은 그의 눈에 띄어 붙들리고 말았다. 무사히 몸을 피한 나는 근처 골목에 숨어 초조하게 희생자들의 귀환을 기다렸다. 그러던 와중 불행하게도 붙잡혀버린 친구로부터 문자가 왔다. "웩, 체육이 볼에 뽀뽀했어."

문제의 체육교사는 중·고등학교 6년간 우리를 가르치면서 긴 시간 함께했음에도 한결같이 무심하고 무뚝뚝했다. 그런 사람이 '사랑한다'라면서 학생의 볼에 뽀뽀를 하는 장면은 아무리 취한 상태라 하더라도 상상하기 어려웠다. 또 평소 그의 성격이 어떻고를 떠나서 이는 명백한 성추행이었다. 다들 큰 충격을 받았고 분노했다. 하지만 우리는 이 일을 조용히 덮었다. 그러자고 한 것도 아닌데 하나같이 약속이라도 한 듯 아무도 관련 이야기를 꺼내지 않았다. 마치 아무 일도 일어나지 않은 것처럼. 피해자인 친구도 마찬가지였다. 그때는 성추행이 우리가 잘못해서 생긴 일이 아니라는 사실을 알면서도 수치스러워 그저 감추고만 싶었다.

2018년 초 시작된 '스쿨미투'를 보면서 비슷한 경험을 떠올린 이들이 적지 않았으리라. 서울 노원구 용화여고 창문에 붙은 "WITH YOU", "WE CAN DO ANYTHING", "ME TOO"라는 문구들. 졸업생들이 겪은 성폭력을 고발하자 재학생들은 지지를 보냈고 스쿨미투는 전국 100곳 남짓의 학교로 퍼졌다. 이토록 많은 피해자가 '뒤늦게' 쏟아진 이유는 뭘까. 모든 성범죄가 그렇지만 학교라는 공간에서 교사에 의해 벌어진 일은 드러내기가 힘들기 마련이다. 교사가 학교에서 가지는 영향력 탓이다. 아무리 교권이 예전만 못하다지만 교사와 학생 사이에는 분명한 위계가 있다. '너무 예민하게 받아들이는 거 아닐까?', '문제를 삼아도 되는가?' 피해자는 목소리를 내기 전 스스로를 검열하게 된다. 당시엔 나 역시 무뚝뚝했던 교사가 술김에 애정을 드러낸 일이 불쾌한 일이 아닐 수도 있겠다는 '이상한' 생각을 했다. 남학생들에겐 종종 뺨에 뽀뽀를 하기도 했기에 연장선상에서 벌어진 사건으로 보였다. 돌이켜보면 합리화이자 일종의 방어기제였다.

용기를 낸 스쿨미투의 결과 명백한 징계를 받은 사례는 드물다. 첫 폭로로부터 5년이 흘렀지만 가해자로 지목된 교사 중 '최종 징계' 수위를 공식적으로 밝힌 학교는 단 한 곳도 없었다. 오히려 징계를 받았던 교사 상당수가 학교로 복귀했다. 부산의 한 학교에서는 가해자로 지목된 10명의 교사 중 9명이 무혐의 처분을 받았고 징계 역시 학교장의 주의나 경고 수준에 그쳤다. 특히 스쿨미투의 80% 가량이 일어난 사립학교는 재단이 인사권을 갖고 있어 교육청이 징계 수위를 정해 권고하더라도 강제성이 없다. 여전히 교단에 있는 것으로 파악된 가해자 지목 교사만 137명에 달한다. 학생들의 용기에 교육계는 제대로 답하지 않았다.

선생님의 나이가 된 지금은, 학생이 아니라 교사의 변화가 절실하다고 느낀다. 선생님이 된 친구들과 종종 '요즘 애들'에 대한 이야기를 나누곤 한다. 친구들은 한국 사회에서 페미니즘이 부상한 이후 교실에서의 백래시가 거세졌다고 입을 모았다. 한 친구는 여자 고등학교로 발령받았다는 소식을 전하자 반 남학생이 "쌤, 페미(페미니스트)되면 어떡하냐"라고 큰소리로 외쳤다고 한다. 그 학생에게 페미가 무엇인지 물었더니 대답을 제대로 못했다고 한다. 친구가 '페미니즘은 성평등'이라면서 같은 반 여학생들과 평등한 것이 싫으냐고 다시 묻자 "그건 아니다"라면서도 툴툴댔다고 한다.

친구는 그 자리에서 남학생의 생각을 바로잡기보다는 이를 지켜보는 다른 학생들에게 백래시가 부당하다고 알려주기 위해서 질문을 던졌다고 했다. 개인의 잘못된 사고방식 혹은 일탈이 무언의 승인을 받아 반사회적 행위로 증폭되지 않게 지도하고자 함이었다.

나 역시 페미니즘의 존재조차 모르던 시절, 여성인권에 대해 알려줬던 교사가 있다. 한자 선생님은 막 여자 중학교에 입학해 초등학생 티를 벗지 못한 우리를 앉혀놓고 칠판에 '女'라는 단어를 썼다. 그간 배운 대로 '계집 녀'라고 읽자 계집이 아닌 여자 여라고 말했다. 계집이 여성을 낮잡아 이르는 말이기에 여자 중학교에 다니는 너희들은 이런 표현을 쓰지 말아야 한다고 했다. 다음 해 부임해 온 한자 선생님은 '여자'라는 단어 자체가 여(女)와 자(子)의 합성어이므로 여자 여는 틀렸다고 지적했다. 그러나 한번 뇌리에 새겨진 의식은 쉽게 바뀌지 않았다.

온라인에서는 악플이나 부정적인 반응이 더 많을 것이라 예상하면서도 꾸준히 내보내는 스쿨미투나 페미니즘 기사의 존재 의의도 이와 다르지 않다. 범죄자가 세상에서 모두 사라지는 날은 영영 오지 않을 것이다. 그래도 범죄가 잘못된 일이라는 것을 다수가 알고 끊임없이 이야기한다면 긴 시행착오를 거치더라도 나쁜 사람이 설 곳은 점차 좁아질 수밖에 없다.

때로는 무력하고 허공에 돌팔매질하는 심정일지라도 분명 변화는 있다. 만약 고교생 시절 내 친구가 겪은 체육교사의 성추행이 스쿨미투 이후에 일어났다면 그때처럼 아무 일 없었던 듯이 지나가지 않았을 것이다. 비슷한 상황에 있는 타인의 용기는 다른 이에게도 전해지기 마련이다. 스쿨미투가 용화여고로부터 들불처럼 번진 이유도 그와 같았다. 무심코 성희롱을 하려던 이들도 과거의 사건을 계기로 한 번 '멈칫'하게 됐으리라.

시간을 달리는 「소년들」

누군가가 시간을 돌려 나를 만나러 왔다는 사실을 알게 된다면 어떨까. 오직 나를 위하여, 그것도 한 번이 아니라 수십, 수백 번의 시간을 되돌려서. 제법 '로맨틱'한 이야기다.

호감을 사려 미리 알아둔 나의 취향을 자신의 취향인 척 시치미를 떼며 이야기하고 큰 문제 없던 연인과의 관계를 고의적으로 방해했다면. 연인이 된 이후로도 능숙하고 만족스런 스킨십을 위해 첫 섹스를 여러 번 반복했다는 이야기는 과연 여전히 '로맨틱'할까. 사람에 따라 다를 수 있겠다. 그러나 대부분은 소름이 돋아 정이 뚝 떨어지거나 기만을 당했다는 생각에 불쾌해지기 마련이다.

많은 이들의 인생 영화 〈어바웃 타임(2013)〉을 최근에 다시 봤다. 주인공의 폭풍우 속 결혼식 장면이 인상적이라 분명 아름다운 영화로 기억됐건만 10년 만에 감상은 딴판이 됐다. 과거로 시간 여행을 하는 능력을 가진 남자 주인공 팀은 첫눈에 사랑에 빠진 메리와 잘 되기 위해 시간을 몇 차례나 되돌린다. 불과 일주일 전 메리와 사귀게 된 남자친구의 존재를 알고 그보다 시간을 앞으로 돌려 한 발 앞서 유혹하는 장면에선 탄식마저 나왔다. 루퍼트(메리의 '원래' 남자친구의 이름)는 무슨 죄인가. 루퍼트는 그렇다 쳐도, 메리는?

삶의 주도권을 완전히 잃어버린 그에겐 타인이 짜놓은 판대로 움직이는 운명만 남았다. 그렇게 갖게 된 감정을 사랑이라고 할 수 있을까? 팀에게 메리와의 관계는 분명 사랑이고 결과적으로 메리도 행복해졌다. 누구나 꿈꿀 만한 완벽한 연인을 갖게 됐다. 하지만 무엇 하나도 '선택'할 수 없는 사람에게 이를 운명적 사랑으로 받아들이라고 할 순 없다. 메리에게 선택권이 있었다면 팀을 연인으로 골랐을까. 팀이 시간을 돌리기 전 메리도 그에게 호감을 느꼈다는 암시는 존재하지만 결론은 모를 일이다. 아무런 개입 없이도 사랑에 빠졌던 루퍼트와 연인으로 살아갔을 수도 있다. 그도 아니라면 연애에 환멸을 느끼고 솔로의 길을 뚜벅뚜벅 걸었을 수도 있다.

영화를 비롯한 미디어에서는 비슷비슷한 공식이 반복된다. 선택하지 못하는 여성들의 역사다. 〈시간여행자의 아내〉의 클레어는 시간여행을 하는 남편을 평생 기다려야 하는 아내이다. 〈시간을 달리는 소녀〉에서도 결국 '정말' 시간을 달리는 건 소년이었다. 비교적 최근 영화에서도 변함이 없다. 〈스파이더맨: 노웨이 홈〉에서 주인공 스파이더맨 피터 파커는 세상에서 자신의 존재를 지우기로 한다. 피터는 '여자친구' 엠제이에게 "다시 찾아가겠다"고 약속했지만 끝내 지켜지지 않았다. 엠제이의 상처 난 이마에 붙은 반창고 때문이었다. 자신과 함께하면 위험한 일에 휘말릴 여자친구를 '사랑하기에 보내주는' 사나이의 순정이다. 많은 이들은 히어로로서의 삶을 위해 사랑마저 포기하는 스파이더맨을 보며 마음 아파했지만 난 분통이 터졌다. 당장 스크린 속으로 뛰어 들어가 피터의 멱살을 잡고 외치고 싶었다. "네가 뭔데 엠제이의 선택을 무시해!"

한때 한국에서는 페미니즘이 '빨간 약'에 비유됐다. 영화

〈매트릭스〉의 주인공은 빨간 약을 먹고 세상의 불편한 진실을 보기 시작했다. 그렇듯 페미니즘을 받아들이면 우리가 속한 사회를 완전히 다른 시선으로 바라볼 수 있다는 의미다. 빨간 약을 먹기 전 세계가 안락한 지옥이라면 이후는 끔찍한 천국이다.

페미니즘을 접하고 인생은 상당 부분 끔찍해졌다. 그간은 단 한 번도 의문을 품지 않았던 순간들이었다. 명절날 차례상에 올라간 음식을 종일 준비한 여성들은 정작 차례엔 발조차 들이지 못했다. 식사시간에도 작은 상에 모여 찬밥을 씹어 삼켜야 했다. '스스로의 만족'이라 여기던 화장과 머리 손질을 위해 한 시간은 먼저 일어나야 한다. 맨 얼굴로 나서기라도 한 날엔 "예의 없다"는 농담 섞인 질타에 시달리는 게 일상이다. "여자들은 끈기가 없어", "여자는 질투가 많아", "여자는 감정적이야"라는 편견 어린 말에 스스로 "그건 그렇지"라고 고개를 끄덕이곤 했다.

미디어 속 여성들이 사는 곳은 안락한 지옥에 가깝다. 완벽한 혹은 운명적인 연인이 나를 사랑하고 악당으로 인한 폭력에 시달릴 일도 없는 평화로운 세상. 다만 이들의 눈은 가려진 채다. 여성은 아무런 의문 없이 주어진 것에 순응한다. 그것이 '행복'이라고 타인이 규정했기 때문이다. 이런 영화 속 여성들에게 빨간 약을 내민다면 어떻게 될까. 모두는 아닐지라도 누군가는 기꺼이 끔찍한 천국을 택하리라. 완벽하거나 운명적이진 않아도 내가 고른 사람과 함께하는 고난과 역경이 존재하는 삶 말이다.

〈스파이더맨〉 속 엠제이에게는 대학에 다니며 카페에서 아르바이트를 하며 지내는 평화로운 삶 역시 소중할 것이다. 하지만 그에게 연인과 함께 시공간을 넘나들며 빌런과 맞서 싸우는 일상도 존재한다는 사실을 알려준다면 엠제이의 선택은 아마 불 보듯 뻔하지 않을까. 더 많은 여자들에게 더 많은 빨간 약이 필요하다. 결과가 어찌 되든지 자신이 선택할 '기회'를 위해서라도.

「여성의 낙원」은 없다

신(新) 모계사회에

보건복지부, 여성가족부, 고용노동부 등 사회 부처를 주로 출입하는 정책사회부에 있을 때의 일이다. '신(新) 모계사회'를 주제로 기획기사를 쓰라는 부장의 지시가 떨어졌다. "요새 젊은 부부들은 아내 친정 근처에 신혼집을 구하고 집안에서 여자의 목소리도 크다던데. 여기에 대해 한 번 써봐."

한국 사회가 남성, 즉 아버지 중심의 부계사회에서 어머니와 딸을 중심으로 하는 모계사회로 변하고 있다는 취지였다. 결혼은커녕 연애도 않던 내겐 관심 밖의 일이었지만 기자도 지시를 받으면 일단 해야 하는 직장인이기에 취재를 시작했다. 주변에 이제 막 결혼하거나 아이를 낳은 젊은 부부들이 아내의 친정 근처로 이사 가는 일은 흔했다. 나 역시 결혼을 한다면 시가보다는 친가와 이웃해 살고 싶었다. 왜 그런지는 설명할 필요도 없지만 이런 현상을 신 모계사회라는 이름으로 띄워주기엔 찜찜한 구석이 있었다. 새로운 형태의 가족관계 속 어머니들이 행복하지 않아 보였기 때문이다.

"다행이라고 생각하면서도… 고맙고 미안하지."

취재를 위해 만난 딸들은 하나같이 엄마에게 '죄책감'을 느꼈다. 대학 동기인 진비의 엄마는 손녀를 돌보러 매일 딸의 신혼집으로 출퇴근을 한다. 임신 소식을 알릴 때는 친정 가까이에 전셋집을 구하지 못할까 봐 발을 동동 굴렀다. 맞벌이 부부가 누군가의 도움 없이 아이를 키우는 건 불가능한 일이었기에. "딸이 직장 생활에 육아까지 하며 고생하는 게 안타깝다며 적극적으로 돕는 엄마에게 늘 미안한 마음뿐"이라는 진비의 말은 오늘날 모계사회의 요체, 그 자체였다.

먼 과거가 아닌 1980년대까지만 하더라도 일하는 여성의 정년은 25세에 불과했다. 여성 노동자는 결혼하면 일을 그만두는 존재로 여겨졌다. 온갖 눈총을 받으면서도 끝끝내 버틴(혹은 버텨야 했던) '독한' 여성들과 여성단체의 조기 정년

철폐 투쟁 등으로 결혼 후 퇴직 관행은 서서히 사라졌다.

노동시간 역시 남성과 비슷해졌다. 그러나 육아·가사노동이 여성의 몫이라는 가부장제의 성 역할 고정관념은 크게 달라지지 않았다. 전국에서 가장 사고방식이 열려 있는 수도 서울에서 맞벌이 부부의 아내는 하루 평균 114분 가사노동을 하고 126분 돌봄노동을 했다. 남편의 경우 각각 49분과 80분이 고작이었다[*].

대상을 전국으로 넓혀보면 더 심각하다. 2019년 맞벌이 부부 기준 아내의 가사 노동시간은 187분, 남편은 54분이다. 이들의 가사 노동시간 차이는 133분으로 5년 전 152분보다 '겨우' 19분 줄었다. 심지어 아내 외벌이 가구도 여성의 가사노동 시간(156분)이 남성(119분)보다 더 길다는 대목에 이르면 그저 아찔해진다.

여성이 집안일을 '더' 한다고 해도 맞벌이 가구에서는 불가피한 공백이 생겨난다. 부부가 모두 출근한 시간, 아이를 어린이집 등 보육 기관에 맡긴대도 한계가 있다. 누군가는 일하는 여성 대신 가정을 돌봐야 육아가 가능해진다. 희생

---

[*] 〈성인지 통계로 보는 서울 청년의 일과 삶〉, 2022

과 헌신의 아이콘인 '친정 엄마'가 이를 떠맡게 된 건 자연스러운 귀결이었다. '똑똑하고 잘난' 딸은 나와 다른 삶을 살길 바라는 마음으로 손주 돌봄에 나섰다. 딸이 출산하자 근처 아파트 단지로 이사를 한 금애 씨는 손자가 태어난 지 한 달 만에 살이 5kg이나 빠졌을 정도로 고생스럽다고 말했다. 그러면서도 딸이 하루빨리 직장으로 돌아가길 손꼽아 기다린다. "일을 오래 쉬면 경력에 좋지 않을까 봐 걱정이 이만저만 아니에요. 딸이 나처럼 평생 집안일만 하게 할 순 없잖아요."

이나영 중앙대 사회학과 교수는 이 현상의 원인을 묻는 내게 오늘날 신 모계사회는 "여성해방이 아니라 '여성 잔혹사'"라고 단언했다. 사회 그리고 가정 속 이중노동에 시달리는 딸들이 독립적으로 삶을 꾸릴 수 없기 때문에 친정과의 교류가 늘어간다는 것. 이 교수는 "엄마들은 딸이 자신의 불행한 삶을 반복하지 않길 바라기에 힘들지만 딸의 가사노동을 대신하고 있다"라고 봤다. 이런 흐름을 자발적인 선택이라고 할 수 있을까.

한파로 세상이 얼어붙은 어느 겨울, 새벽이었다. 출근길 버스를 기다리는데 서너 살쯤 된 어린아이를 업은 작은 체구의 중년 여성이 정류장에 나타났다. '추운 새벽에 아기가 왜 바깥에 나왔을까?' 호기심에 유심히 바라보니 뒤따라오는 젊은 여성이 보였다. 그들의 관계를 짐작하는 일은 어렵지 않았다. 아이의 엄마 그리고 '워킹맘' 대신 아이를 돌보는 엄마의 엄마. 지친 기색이 역력한 두 엄마는 버스를 기다리는 내내 별다른 대화를 나누지 않았다. 이윽고 버스가 도착했다. 엄마가 떠나자 투정을 부리는 아이를 어르는 할머니의 얼굴에는 피곤이 덕지덕지 묻어 있었다.

만약 아이를 낳는다면 곧 나의 미래가 될 모습에 가슴이 답답해졌다. 이 딜레마를 어떻게 해야 하나. 여성의 사회진출을 늘리려면 또 다른 여성의 희생이 필요한 상황을. 할머니의 손주 돌봄은 당연할뿐더러 때로는 '효의 한 종류'로 비춰지기까지 한다. 그러나 동도 트지 않은 시간 무거운 눈꺼풀을 들어 올리며 손주를 품에 안고 딸의 출근길을 배웅하는 풍경은 그리 아름답지도 감동적이지도 않았다. 여성으로서 결혼과 출산에 대한 고민을 더할 뿐이었다.

이런 사회 분위기를 담은 기사는 결국 여권 신장보다 이들의 이중노동을 담은 '신 모계사회 뒤엔 딸의 가사노동 떠맡는 친정 있다'라는 제목으로 나갔다. 수많은 댓글이 달렸고 그중 많은 공감을 얻은 '베스트 댓글'은 이것이었다. "집에서 아내가 떠안은 역할이 버거우니 불편한 시집보다 편한 친정에 기대는 것. 결국 남자들은 계속 뒷짐 지고 방관하는 사람이 되고. 이건 아니지 않나?", "결론은 하나다. 남자가 가사노동 같이 해야 이 굴레는 끝이 남."

모두가 쉽게 떠올릴 수 있는 당연한 해결책. 그러나 결코 이뤄지지 않는 모범 답안이다. 가사노동을 하려 들지 않는 남성 개인을 탓한다고 될 일도 아니다. 여성 노동자도 육아휴직하기 눈치 보이는데 남성에게는 더욱 문턱이 높을 수밖에 없다. 여성보다 남성의 사회 진출이 더 활발하고 평균임금이 더 높은 상황 역시 여성에게 보육이나 가사노동을 떠미는 결과로 이어진다.

2010년, 오후 8시 이후 잔업을 금지한 일본의 한 회사는 직원당 생산성이 5배 이상 증가했다. 특히 아이를 낳고 업무에 복귀하는 여성 노동자가 늘었다. 2022년 이 회사의 출산율은 2.0명으로 일본 전체 평균 출산율(1.3명)을 웃돌았다. '워킹맘(일하는 엄마)'과 '라떼파파(육아에 적극적인 아빠)'는 스웨덴의 높은 합계출산율(2022년 기준 1.52명)을 가능케 한 두 축이다. 스웨덴도 한때 저출산 위기에 시달렸고 남성들은 가사노동을 거부했다. 이런 상황에서 남성의 육아휴직을 의

무화하는 제도가 분위기를 바꾸는 데 큰 역할을 했다는 분석도 있다.

분명한 모범 사례가 있는데도 한국의 낮은 출산율에 대해 고민하는 이들은 가정 내 평등과 여성의 사회진출에 대한 문제의식은 '쏙' 제쳐둔다. 그 결과 한국의 2022년 합계출산율은 0.78, 경제협력개발기구(OECD) 가입국 중 10년째 꼴찌라는 자랑스러운 기록을 써가고 있다.

자신이 행복하지 않은 나라에서 아이를 낳을 부모는 없다. 저출산 정책에 대한 고민은 이 문장에서부터 시작돼야 한다.

"더 많은 여자들에게 더 많은 빨간 약이 필요하다.
결과가 어찌 되든지 자신이 선택할 '기회'를 위해서라도."

2부

마땅히
혐오할 만한

존재들

전세라는 이름의 신분증

어느 날 서울과 맞닿은 경기 지역 아파트 단지 '맘카페'가 발칵 뒤집어졌다. 한 주민이 올린 게시글 때문이었다. 엘리베이터에서 전세 계약기간이 끝나 다른 집을 알아보고 있다는 내용의 통화를 한 것이 발단이었다. 함께 탔던 초등학생 정도로 보이는 아이가 자신의 엄마에게 "전세가 뭐야"라고 물었다는 것. 아이의 질문을 들은 엄마는 무심히 답했다고 한다. "있어, 돈 없는 사람들이 남의 집 빌려서 사는 거."

이 한마디에 너무나 속상했다는 글쓴이에게 맘카페 사람들은 수백 개의 댓글로 위로와 더불어 분노를 드러냈다. 특히 "전세 사는 사람은 돈이 없다"는 명제가 얼마나 부당한지 지적하는 목소리가 쏟아졌다. "여기 아파트 전세 사는 분들 근처에 다른 곳 입주권 사두고 당분간 사는 사람들도 많은데 너무했네요.", "전세 산다고 무조건 자가가 없는 사람도 아닌데 이상해요." 아파트가 아닌 다른 주거형태를 함부로 무시하면 큰코다칠 수 있다는 성찰도 나왔다. "지인이 빌라 산다고 해서 가봤는데 으리으리한 단독 주택이더라고요. 다시 봤어요."

같은 아파트 전세 세입자로서 봉변을 당한 글쓴이 심정에 공감하다가 어느 순간 찜찜해졌다. 으리으리한 단독 주택은커녕 다른 아파트 입주권도 없는 '그냥' 전세 사는 사람(바로 나)은 저런 소리를 들어 마땅한가. 물론 카페 회원들의 의도는 한없이 선했을 것이다. '돈 없는 사람'이라는 말을 반박하고자 반대되는 사례를 열심히 찾았던 것뿐이다. 그러다 보니 다른 주거형태를 향해 돈이 있네, 없네 평가하는 일 자체가 문제라는 것까진 미처 생각이 닿지 못했다.

이상하게 여길 일도 아니다. 우리는 집의 가치가 곧 집의 가격인 담론 속에서 살아간다. 주택이 소유와 재산 증식의 수단이라는 사실은 보편적인 상식이다. 자고 일어나면 몇 억씩 오르는 부동산 가격 폭등이 언론에 오르내리자 이런 현상은 더욱 심해졌다. 이제 막 사회생활을 시작한 2030세대가 어떻게든 '영끌(영혼까지 끌어모아 대출)'해서 집을 사고 있다는 보도가 이어졌다. 무주택자는 별안간 '벼락거지'로 전락했다. 불안과 초조를 부채질하는 부동산 시장에서 패닉현상을 겪지 않는 건 어려운 일이었다. 자연스레 집의 가치와 가격은 곧 집에 사는 사람 그 자체가 됐다. 부동산의 위치와 평수, 또 월세나 전세, 자가라는 단어는 일종의 '신분증'이다. 2000년대 모 건설사 광고에 등장했던 "당신이 사는 곳이 당신이 누구인지 말해줍니다"라는 문구가 일부 비판에도 불구하고 인기를 끌었던 건 이런 사회현상을 정확히 보여줬기 때문이다.

아이들마저 임대 아파트니 브랜드 아파트를 따져, 놀기 전에 선을 긋는다는 언론 보도가 있었다. 그때마다 사람들은 "어쩌다 세상이 이렇게 됐는지 모르겠다"라고 한탄한다. 정작 이런 일이 벌어지게 된 원인에는 관심을 두지 않는다. 2020년 6월 세종의 한 아파트 단지 입주자 대표 모임은 해당 단지와 임대 아파트 단지를 같은 학군으로 묶는 데 반발, 집단행동에 나섰다. 임대 아파트(LH)가 포함된 학군으로 분

류돼 아파트 이미지 저하가 우려된다는 주장이었다. 새삼 놀라운 일도 아니라 기사는 지역 언론 몇 곳에만 실렸고 별 관심을 받지 못했다. 부동산을 기준으로 일종의 계급을 가르는 분위기는 갈수록 나아지기는커녕 오히려 불이 붙고 있다.

아파트에 살지 않는 아이들의 놀이터 출입을 금지하는 일도 드물지 않다. 서울의 한 아파트는 신축 입주를 시작하며 외부인은 오지 말라는 안내문을 걸었다. 경기도의 어느 아파트는 '일일 이용권'을 발급받으라 했다. 인천의 아파트에서는 입주자 대표가 놀이터에 놀러 온 동네 아이들을 '도둑'이라며 경찰에 신고하는 일까지 벌어졌다. 2022년 어린이날을 맞아 이곳 아파트들을 찾아갔을 때 언론보도 후에는 출입이 가능해졌다는 설명을 들었다. 세간에 알려지지 않았을 뿐 암암리에 외부인의 놀이터 출입을 통제하는 아파트는 존재한다. '특별한 보호가 필요한 존재이자 모든 권리를 차별 없이 향유해야 하는 주체*'인 아이들의 놀이터에 차별의 울타리를 세우는 셈이다. 이렇게 어른들이 나서서 모범을 보이는데 아이들이 배우지 않을 도리가 있을까.

---

* 유엔아동권리선언

이 모든 차별은 '사유재산'을 지키려다 보니 어쩔 수 없었다는 변명 속에 용인된다. 외부인 출입을 금지했던 서울 아파트를 취재하다 만난 주민은 "동네 주민들이 아파트 단지를 드나들면서 화장실이나 엘리베이터, 주차장 등을 사용하는 문제가 생겨 외부인 출입을 막자는 얘기가 나온 것"이라고 설명했다. 내 돈 주고 산 집을 편하게 누릴 권리, 그 집에 들어간 목돈을 이왕이면 불리고 싶다는 어찌 보면 당연한 마음이 빚어낸 비극이다.

얼마 전 집을 산 친구도 집값에 예민해질 수밖에 없더라고 털어놨다. 자신도 모르게 온라인 포털 사이트에 아파트 이름을 검색해 보고 시세와 실거래가를 찾아보게 됐다는 것. 주택시장 안정을 외치던 무주택자도 내 집을 마련하는 순간 차익 실현을 꿈꾼다. 2030세대가 지나치게 배금주의에 물들어 있다고 감히 비난할 수 있을까. 전 국민이 참여하는 '부동산 불로소득 게임'을 중단하자는 목소리를 내는 일은 쉽지도 또 가능하지도 않다. 나 역시 인간의 존엄을 지키고 차별과 혐오를 하지 않기 위해 집을 사지 않고 평생 전·월세로 살 계획은 없다. 남의 집을 빌려 쓰면서 일정 기간이 지나면 원상태로 비워줘야 하는 삶은 생각보다 고되고 복잡

하다. 계약이 끝나가면 집주인이 전세금이나 보증금을 제대로 돌려줄지 노심초사하는 것도 피곤하고 불안하다.

　나라면 전세의 의미를 묻는 아이에게 무어라 대답했을지 생각해 봤다. 정답은 없겠지만 거주 형태가 타인을 재단하는 기준은 결코 아님을 가르치는 일은 어른으로서의 의무 아닐까. 하지만 우리를 둘러싼 환경은 그리 녹록해 보이지 않는다. 2023년 한 아파트 광고 문구는 "언제나 평등하지 않은 세상을 꿈꾸는 당신에게"라는 차별과 불평등, 배제를 내세우는 형태로 진화했다. 사는 곳을 통해 신분을 증명하려는 오랜 욕망의 폭주 기관차는 지금도 달리고 있다.

「우리도」 아이는 낳지 않기로 했습니다

결혼을 했다. 비혼주의자는 아니었지만 꼭 결혼을 해야 한
다고 여기며 살아온 것도 아니었다. 그런 내가 결혼까지 결
심한 데는 연애를 시작하기 전 남편이 던진 질문이 꽤 큰 역
할을 했다.

"혹시, 아이에 대해서 어떻게 생각해?"

이 질문을 받자마자 여러 가지 생각이 머릿속을 오갔다.
솔직히 결혼은 몰라도 아이는 그다지 낳고 싶지 않았다. 반
려동물도 오롯이 책임질 자신이 없는데 아이를 낳아 성인이
될 때까지, 어쩌면 내가 눈 감는 그 순간까지 책임져야 하다

니. 지난한 임신과 격렬한 출산 과정, 이를 직장을 다니면서 해야 한다는 점도 끔찍했다. 아이 없는 홀몸으로도 버거운데 말이다. 직업 덕에 사회의 밝은 면보다 어두운 면을 주로 접하기에 이런 아름답지 않은 세상에 (아마도) 나에게 무척 소중할 아이를 내놓고 싶지 않았다.

자녀 계획은 결혼할 사이라면 반드시 의견의 합치를 봐야 하는 주제이지만 당시 우리는 연애조차 않던 사이였다. 연애로 가는 '썸'의 단계이긴 했지만 상대에게 "난 애 낳을 생각 없다"라고 딱 부러지게 말하는 일은 부담스러웠다. 한국 사회를 여전히 지배하는 이데올로기에 정면으로 반하는 답을 하는 것도 영 내키지 않았다. 사회가 바라는 여성의 미덕 중 하나는 모성이기에 대답 대신 다시 물었다.

"넌 어떻게 생각하는데?"

남편, 그때만 해도 연인 후보였던 그는 자신은 아이를 갖고 싶지 않다고 말했다. 속으로 나도 모르게 '됐다'라고 외쳤다. 이날 이후 우리는 빠르게 연애를 시작했고 결혼까지 일사천리로 이뤄졌다.

두 사람의 마음이 통했더라도 '가족주의'가 끈끈한 한국 사회에서 자녀 계획이 어찌 부부끼리만 논의하고 끝낼 일이

던가. 아이를 낳을지 말지는 나와 남편이라는 새로운 가족만의 일이라고 여기면서도 어쩔 수 없이 양가 어른들의 눈치가 보였다. 양가에 어떻게 말하나 머리를 맞대고 고민했다. 결국 서로의 가족은 본인이 책임지고 의견을 전달하는 것으로 결론지었다.

내심 우리 집보다는 남편 쪽에서 반발이 있으리라 생각했는데 웬걸. 두 집안을 통틀어 '결사반대'를 외치며 드러누운 유일한 어르신은 바로 영원한 나의 편(이라고 믿었던), 나의 엄마였다. 딸을 너무나 사랑하기에 "너는 엄마처럼 살지 마"라고 귀에 못이 박히게 말하던 엄마였다. 그런 그가 표변해 "그래도 가부장제에 부역해야 한다"고 외치는 건 예상에 없던 장면이었다.

'나중에' 외롭고 후회할 거라고 살살 달래던 엄마는 하다 하다 "김씨 집안의 대를 끊을 셈이냐"는 기상천외한 반대 이유까지 내놨다. 무슨 조선왕조도 아니고 대를 끊는다니. 남편은 장손도 아니었고 남편의 아버지 역시 그랬다. 우리가 아이를 낳지 않는다고 해도 김씨 집안의 '대'와는 전혀 관련이 없다. 남편 역시 아이를 갖고 싶어 하지 않는다고 여러 차례 말했건만 "그건 네 눈치를 봐서 괜히 하는 말"이라면서 받아들이지 않는다.

가족에 대한 헌신과 노동을 당연시해 온 엄마에게 여성이 결혼해 아이를 낳고 기르는 건 당연한 순리였다. 이를 거부하는 딸이 별종처럼 보이는 모양이다. 한국 사회의 지극히 정상적인 궤도에서 이탈하려는 자식에 대한 책임감 때문일지도 모른다. 지금까지도 기회만 생기면 일단 아이를 낳으라고, 키우는 건 자신이 하겠다고 어떻게든 설득하려 든다. 이런 엄마의 속내에는 '딸 시집 보낸 죄인'이라는 생각 역시 어른거리고 있을 거다. 시가의 기대에 부응하지 못한 딸이 제대로 된 대접을 받지 못하거나 내쳐질 수 있다는 걱정도 있을 테다.

엄마의 반대가 끝은 아니었다. 못지않게 큰 산은 '사회'였다. "그래서 애는 언제쯤 낳을 예정이냐"라고 애정을 담아 묻는 주변 사람들. 처음 보는 취재원 역시 결혼을 했다고 밝히면 자연스럽게 아이와 관련된 질문을 했다. 내게 출산은 굉장히 사적인 영역이었으므로 이런 반응에 적잖은 충격을 받았다. 만약 우리가 건강 문제로 아이를 낳지 '못'하는 상황이라면 이런 질문이 얼마나 날카로운 비수가 되었을까. 사람들의 무지함 혹은 무례함이 놀랍고 화가 났다.

처음에는 일일이 설명하는 일이 귀찮아 그저 "아직…"이라며 얼버무리곤 했다. 어느 순간부터는 이 땅의 딩크를 대표하여 우리의 존재를 만방에 알려야 한다는 묘한 의무감이 들었다. "아이는 낳을 생각이 없다"라고 말하면 가지각색의 답변이 돌아온다. "그럼 안 된다"라거나 "이기적이다"라는 훈계에서부터 "아직 젊으니 차차 생각이 바뀔 것"이라는 카산드라의 예언까지. "문제가 있어 애를 못 낳으면서 딩크로 포장한다"는 쑥덕거림도 있었다. 물론 "잘 생각했다"라는 이들도 가뭄에 콩 나듯 있긴 했다. 가장 인상적이었던 반응은 복지 쪽에 몸담은 취재원의 이야기였다. "그렇게 모두 애를 안 낳다간 저출산 때문에 나라가 망한다고요! 이러다 중국에 흡수될 수도 있어요."

나 역시 은은한 불안이 있다. 다들 결혼하면 아이를 낳는 것 같은데 나는 어딘가 결핍 있는 사람인가. 시간이 흘러 정말 물리적으로 아이를 갖기 어려워질 때 후회하면 어쩌지. 그래서 칼럼니스트 최지은 씨의 『엄마는 되지 않기로 했습니다』라는 책을 발견했을 땐 뛸 듯이 기뻤다. 이 책은 아이를 낳지 않기로 한 여성들의 인터뷰집이다. 나와 비슷한 생각을 가진 이도 있고 전혀 다른 이유로 무자녀를 결심한 사람도 있었다. 세계적으로 유명한 딩크 예찬론자인 여성조차 어느 날 다른 여성이 남편의 아이를 안고 나타나 '당신의 말은 다 거짓'이라고 외치는 공포에 시달린다는 대목에서는 안심했다. 이런 사람도 불안에 시달리는구나.

이 글을 읽는 누군가도 나처럼 안심할 수 있었으면 좋겠다. 세상에 이렇게 사는 사람이 또 있고 선택의 문제일 뿐 잘 못이나 결핍이 아님을. 이러다 마음을 바꿔 아이를 낳더라도 그 또한 하나의 선택일 뿐이다. "아이 없는 사람이 외로울 때가 있듯 사람은 아이가 있어서 외로울 때도 있다는 것을. 각자의 삶에는 각기 다른 무게와 외로움이 있지만 그럼에도 서로 이해하려는 마음이 관계를 이어가게 한다. 그리고 그 이해의 폭이 넓어지는 것을 우리는 성숙이라 부른다."[*]

누군가는 아이를 낳고 길러봐야만 진정한 어른이 된다고 한다. 물론 아이를 낳기 전과 후의 세계는 완전히 다를 것이다. 세상엔 아이를 낳을 수 '없는' 사람도 있고 각 가정의 사정도 천차만별이다. 이들이 모두 영원히 진정한 어른이 되지 못한 피터팬으로 남을 리 없다.

---

[*] 최지은, 『엄마는 되지 않기로 했습니다』, 한겨레출판, p.80

차별은 다수결이 아닙니다

막 기자가 된 입사 초기, 2014년 즈음에 노키즈존 기사를 쓴적이 있다. 온라인에서는 한창 노키즈존이 화제였는데 실제로 영·유아와 어린이를 동반한 고객의 출입을 제한하는 매장은 드물어 사례를 찾는 데 꽤 애를 먹었다. 수소문 끝에 서울에서 겨우 한 곳을 발견했지만 언론에 나가고 싶지 않다고 취재를 거부했다. 당시만 해도 선배들에게 입이 찢어져도 "기사를 못 쓸 것 같다"고 말하기 어렵던 신입기자 시절이었다. 카페에 애걸복걸한 끝에 구체적인 지역과 상호를 드러내지 않는다는 조건으로 겨우 기사를 내보냈다.

그로부터 10년이 지났다. 2022년, 어린이날 100주년을 맞아 다시 한 번 관련 기사를 준비하기로 했다. 누구에게도 말한 적 없지만 10년 동안 가졌던 일종의 죄책감 때문이었다. 10년 전 노키즈존 기사를 쓰던 당시만 해도 별다른 문제의식이 없었다. 당장 기사를 마감해야 한다는 생각에 급급해 노키즈존에 대한 찬반 의견을 '기계적으로' 모두 담았다. 기사가 나간 뒤 그야말로 폭발적인 반응이 쏟아졌는데 대부분 노키즈존을 옹호하며 공공장소에서 매너를 지키지 않는 어린이와 부모를 비판하는 목소리였다.

이후 노키즈존을 다룬 기사들이 부쩍 늘었고 드물었던 노키즈존도 너무나 많아졌다. 2022년 노키즈존 기사 작성 때는 사례를 찾기가 쉬웠다. 아기자기하고 규모가 작은 카페와 식당이 많은 서울 연남동, 망원동에는 30곳이 넘는 노키즈존이 있을 정도다. 물론 내가 쓴 기사가 결정적인 계기가 됐다고 여긴다면 자의식 과잉에 가깝다. 피할 수 없는 시대적 흐름이었지만 기사를 큰 고민 없이 썼다는 반성은 여전하다.

노키즈존이 우후죽순 생겨나자 이를 '차별'이라고 보는 인식도 흐려졌다. 국가인권위원회는 2017년 "노키즈존은 차별"이라는 결론을 내렸다. 13세 이하 아동의 이용을 일률적으로 제한하는 것은 나이에 따른 합리적인 이유가 없는 차별행위라는 판단이었다. 같은 해 이루어진 설문조사에서 노키즈존이 차별일 수 있다는 답변은 27.9%* 였지만 2022년 한국리서치 조사에서는 17%에 그쳤다.

오히려 아이가 있는 부모들이 적극적으로 노키즈존에 찬성하기도 한다. 초등학생 이하 자녀가 있는 응답자 중 70%가 노키즈존을 허용할 수 있다고 대답했다. 아이를 키우는 친구들도 '노키즈존은 어쩔 수 없다'라는 분위기가 지배적이다. 한 친구는 "노키즈존이 생기면서 아이들과 함께하는 외출이 불편해지긴 했지만 왜 생겼는지 이해는 한다"라고 말했다.

대부분의 사람이, 심지어 당사자마저 차별이 아니라 하니 노키즈존은 더 이상 차별이 아닐까. 당연하게도 인권은 '다수결'로 정해지지 않는다. 만약 다수결로 혐오나 차별의 허용 여부가 갈린다면 세상은 지금보다 더 엉망진창인 디스토피아가 됐으리라.

---

* 인크루트, 두잇서베이

유아차를 탄 아이를 데리고 나온 친구와 밥을 먹을 때 평소와 다른 긴장에 휩싸여야 했다. 근사해 보이는 음식점 앞에서 친구는 "아이가 있는데 괜찮을까요"라고 조심스레 물었다. 유아차를 밖에 두는 조건으로 입장이 '허락'됐지만 노심초사는 계속됐다. 식당에서 아이 목소리가 높아지고 친구가 이를 제지할 때마다 괜히 내 어깨가 움츠러들었다. 주변 사람들이 대화하는 소리보다 유독 크지도 않았건만, 옹알이에 가까운 신이 난 아이의 고성은 이질적인 소음이었다.

식사를 마치고 카페에 가서도 마찬가지였다. 친구는 헤어지면서 내게 아이를 데리고 와 미안하다고 사과했다. 뜬금없이 무슨 말이냐고 손사래를 치면서도 왜 사과를 했는지는 짐작이 갔다. 우리는 부모가 아이와 외출했다는 사실만으로도 죄책감을 느껴야 하는 사회에 살고 있다. 정부는 저출생이 문제라면서 '아이를 많이 낳으라'고 등을 떠민다. 그런데 왜 세상에 태어난 아이는 존재 자체를 금지 당하거나 주변으로부터 눈총과 손가락질에 시달려야 하는 걸까.

명백한 폭력이나 극단적인 폭언이 있어야만 차별인 것은 아니다. 최근 만난 한 성소수자 인권단체 활동가는 언론이 기사에 등장할 '사례자'를 섭외해 달라고 부탁할 때마다 난

감하다고 했다. 언론이 원하는 건 누가 봐도 심각한 범죄에 가까운 일을 당한 피해자인데 현실에서 맞닥뜨리는 차별은 그렇지 않은 경우가 많다는 것.

이 활동가는 "성소수자는 대개 차별이나 폭력을 피하고 자신을 보호하려고 정체성을 숨기곤 한다"라고 했다. "이 경우 폭력의 대상이 되진 않겠지만 '나답게 살 권리'는 없어지는 것"이라고 덧붙였다. 성소수자를 차별하는 이들의 흔한 변명은 "차별하지 않을 테니 티 내지 말고 조용히 살아라"이다. 나답게 살기 위해 다른 이들의 '허락'이 필요한 삶 역시 차별이다. 인권은 특정 집단의 인준이 있어야 부여되는 것이 아니다.

노키즈존에 대해서 '노키즈존이 아닌 매장에 가면 될 일'이라고 말하는 이들이 있다. 다른 사람들은 아무런 제지 없이 들어갈 수 있는 장소에서 어린이 그리고 어린이를 동반한 부모라는 이유로 눈치를 보고 자기 검열을 해야 하는가. 그곳은 차별 없는 사회라고 하기 어렵다. 공공장소에서 난동을 피우는 아이와 이를 제대로 제지하지 않는 부모에게 문제가 없다는 게 아니다. '그런 경향'을 보인다고 해서 집단 전체에 선을 긋는 일은 차별이란 의미다.

어린이들과 독서 교실에서 책을 읽는 김소영 작가는 에세이 『어린이라는 세계』에서 "어린이는 공공장소에서 예의를 지켜야 한다는 것을 배워야 한다. 어디서 배워야 할까? 당연하게도 공공장소에서 배워야 한다"라고 썼다. 공공장소에 머무를 기회조차, 에티켓을 배울 기회조차 주지 않으면서 어린이가 공공장소에서 예의 바르게 굴길 바라는 일은 지나친 욕심이자 일종의 환상이다.

한 번 허용된 차별은 누그러지기는커녕 갈수록 기세를 올리기 마련이다. 2022년 노키즈존 기사를 준비하면서, 놀이터 바로 옆에 있어 '어린이들이 뛰어 노는 동심 어린 풍경'을 볼 수 있다는 장점을 내세운 카페조차 노키즈존으로 운영되고 있다는 사실을 알았다. 창 밖에 있는 아이들은 사랑스럽지만 같은 공간에 머무는 일은 용납할 수 없다는 사고방식을 이해하기 어려웠다. 주인에게 직접 해당 카페를 노키즈존으로 운영하는 이유를 물었으나 그는 "어떤 대답도 하고 싶지 않다"라고 했다. "어떤 대답을 내놓더라도 논란이 될 수 있기에 그렇다"라고 덧붙였다. 상인의 현실 감각하에서 내린 판단이겠지만, 노키즈존이 '논란'의 대상이라는 사실을 인지하면서도 내린 운영 방침이라는 사실이 못내 쓸쓸했다.

무거운 마음으로 카페를 나서 바로 옆에 있는 어린이 놀이터에 한참을 멍하니 앉아 있었다. 날이 좋아서인지 아이들이 제법 나와 뛰어 놀고 있었다. 어린이 놀이터에 삼삼오오 모여 숙제를 하던 아이들에게 물었다. 수업 시간에 노키즈존에 대해 들어봤다는 그 어린이는 고민도 않고 대답했다. "노키즈존은 기분 나빴어요. 그래서 어른이 되면 노키즈존을 만들지 않을 거예요. 얼마나 좋지 않은 일인지 알고 있으니까요."

눈을 빛내며 또박또박 말하는 어린이에게, '노키즈존'을 만들고 소비하는 어른의 한 사람으로서 미안하다는 말밖에는 해줄 수 없었다.

영원히 나이 들지 않을 우리들

출근길 지하철 승강장에서 머리카락이 희끗한 여성이 자꾸만 날 힐끔거렸다. 할머니라는 호칭이 어색하지 않은 초로의 여성이었다. 길을 물어보려는 것 같다고 미루어 짐작하면서도 먼저 알은 체를 할 붙임성은 없어 그저 멀뚱히 기다렸다. 우물쭈물하던 그는 마침내 결심한 듯 다가와 물었다.

"코로나 때문에 말 걸기가 미안한데 외투가 참 예뻐요. 어디서 살 수 있어요?"

예상하지 못했던 질문에 잠시 허둥대다 기억을 더듬어 답하자 그는 말간 얼굴로 내 대답을 몇 차례 곱씹었다. 그리곤 고맙다며 고개를 숙여 정중히 인사하고는 자리를 떴다. 멀어지는 그의 뒷모습에서 노년의 외피를 쓴 '나'를 봤다. 나도 거리에서 마음에 쏙 드는 옷을 입은 사람을 보고 어디서 샀는지 물어보고 싶던 적이 있었다. 쑥스러워 묻지 못하고 비슷한 옷을 찾으려 눈에 불을 켜고 인터넷을 뒤지던 나와 지하철에서 만난 여성은 다른 사람이 아니었다.

아직 경험해 보지 않아서일까. 노인을 바라보는 청년의 시선은 유독 납작하다. 마치 그들이 태어나자마자 노인이었던 것 마냥 대한다. 노인들은 무기력하고 세상만사에 심드렁하며 모든 욕망에서 벗어나 초연하다고 여긴다. 그들에게도 취향이 있으리라고 차마 생각하지 못한다. 가끔 그들의 욕망이 수면 위로 드러나면 화들짝 놀라거나 불온한 것으로 취급하기도 한다. 나 역시 마찬가지였다. 내게 노인이란 세상물정에 어두운, 그래서 도움이 필요한 존재였다. 지하철 출구를 나타내는 안내판이 바로 옆에 있는데 어떻게 가야 하는지 헤매거나 식당 내 키오스크 앞에서 머뭇거리는 노인들. 그래서 도움을 요청하기 위해서가 아닌 '젊은' 나의 옷에 관심을 보이며 말을 거는 할머니는 유독 낯설게 느껴졌다.

한국의 노인차별이 경제협력개발기구(OECD) 15개 국가 중 '2위'라는 사실을 아는 이들은 많지 않다. 딱히 관심이 없어서다. 이 순위는 사회구조적 차별을 측정한 결과로, 한국 노인은 나이가 들어서도 생계를 위해 일해야 하지만 버는 돈은 가장 적다. 한국의 70~74세 고용률은 33.1%로 OECD 국가 중 압도적 1위다. OECD 평균은 15.2%다. 65세 이상 고령자의 상대적 빈곤율은 43.7%로 유럽연합(EU)에서 가장 상대적 빈곤율이 높은 라트비아(22.9%)의 2배에 달한다.

경제적 어려움뿐만이 아니다. 틀니를 끼는 노인들을 비하하는 단어가 온라인상에서 공공연하게 쓰인다. 당장 노인 관련 기사에 달리는 댓글만 봐도 노인 혐오의 수준을 알 수 있다. 많은 청년들은 노인을 '말이 통하지 않는 상대'로 인식한다. 국가인권위원회의 '노인인권 종합보고서(2018)'에 따르면 청년(19~39세)의 81.9%가 "노인·청년 간 갈등이 심하다"라고 답했다. 또 청년의 88.5%는 "노인·청년 간 대화가 안 통한다"라고 했다. 같은 질문에 "그렇다"고 답한 노년층 비율(51.5%)의 1.5배가 넘는다.

오랜 친구를 만나면 "언제 우리가 이렇게 나이가 들었나"라는 이야기가 빠지지 않는다. 청소년 시절의 친구를 만나면 아직 철없는 10대인 것만 같고 20대 때 친구와는 캠퍼스를 누비던 대학생 때의 일이 생생하게 떠오른다. 회사에 입사한 지 시간이 꽤 흘렀는데도 사회생활을 막 시작한 그때에 마음이 머물러 있다. 나 역시 이럴진대 노인이라고 다를 리 없다. 그들의 안에도 소년과 청년 그리고 중년의 마음이 살아 숨 쉬고 있다.

〈Cranky old man(괴팍한 늙은이)〉이라는 원작자를 알 수 없는 시의 화자는 요양병원에서 지내는 노인이다. 그는 간호사에게, 그리고 우리에게 "그대들은 무엇을 보고 있는가"라고 묻는다. 멍한 눈에 밥은 흘리면서 먹고 묻는 말에 제대로 대답도 못 할뿐더러 말을 알아듣지도 못하는 늙은이. 노인은 '나'를 알려주겠다고 한다. 소년시절과 스무 살 새 신랑, 아버지와 할아버지를 거쳐 아내와 사랑하는 사람을 떠나보내고 혼자 남은 그는 말한다.

"이 늙은 몸 안에는 여전히 젊은이가 살고 있어. 까다로운 늙은이가 아닌 '나'를 조금만 더 가까이 들여다봐 주시게."

트로트가 인기를 끌면서 중·장년이 가수 '덕질'에 나선 모습은 그래서 반갑다. 가수 임영웅은 2022년 음악 순위 사이트 '아이돌 차트'에서 방탄소년단과 뉴진스를 제치고 연간 랭킹 1위를 차지했다. 이는 중·장년으로 이뤄진 팬들이 스밍(음원 스트리밍)에 나선 결과다. 스마트폰 활용을 어려워하던 팬들은 서로 모여 조작법을 배우고 낯선 팬클럽 문화에 적응해 나갔다.

트로트 가수의 팬이 늘어나면서 촌스럽고 가벼운 장르로 희화화되던 트로트의 이미지도 변했다. 이에 따라 팬덤을 바라보는 시선도 바뀌었다. 자식이 각자의 가정을 꾸리자 '자신의 쓸모'가 없어진 것 같아 우울증이 왔다는 60대 여성 윤진이 씨. 그는 정신과 의사로부터 "임영웅을 좋아해 보라"는 조언을 들었다. 주책없어 보일라 한 귀로 흘렸던 윤 씨는 우연히 임영웅의 노래 〈이제 나만 믿어요〉를 듣고 눈물을 흘렸다. "궂은비가 오면 세상 가장 큰 그대 우산이 될게. 그댄 편히 걸어가요"라는 가사가 그날따라 자신을 위로해 주는 것 같았다는 윤 씨. 팬클럽 활동으로 친구를 사귀고 좋아하는 대상에 대해 수다를 떨면서 활기찬 일상을 찾았다.

누군가는 "주책맞다"고 손가락질할지도 모르지만 이런 움직임이 가시화될수록 그런 목소리는 수그러들게 분명하다. 그렇기에 우리에겐 더 많은 노인의 이야기가 필요하다.

기
자

없
는

기
자
회
견

2021년 12월 유난히 춥던 날이었다. 영하의 온도에 칼바람
까지 불어 장갑을 꼈는데도 손끝이 얼어버릴 것 같은 날, 거
리에서 기자회견이 열렸다. 서울시 산하기관의 비정규직 콜
센터 상담원들이 마련한 자리였다. 기자이기 전에 사람인지
라 가능하면 따뜻한 실내에 머무르고 싶었지만 취재를 위해
결국 추위 속으로 나섰다.

　기자회견 장소는 콜센터 상담원들의 원청인 서울시 산하
기관 '앞'이었다. 건물 앞에는 수십 명의 여성들이 삼삼오오
모여 있었다. 노동조합 조끼를 입은 사람들과 경찰도 제법

보였지만 이상하게도 기자는 한 사람도 없었다. 장소를 잘 못 찾은 건 아닌지, 기자회견이 오늘 열리는 건 맞는지 불안한 마음에 부근을 빙빙 돌았다. 시간이 되어 기자회견이 시작됐다. 여전히 기자는 나밖에 없는 상황이었다. 겁이 덜컥났다. '기자'회견에 다른 기자들이 오지 않은 나만 모르는 이유가 있을 것만 같았다. 추운 날 여기까지 왔건만 가치 없는 일에 헛심을 쓰고 있을지도 모른다는 생각이 스멀스멀 피어올랐다.

'기자 없는 기자회견'이 처음은 아니었다. 정확히 표현하자면 나를 제외하면 취재하려는 사람이 아무도 없는 기자회견이었다. 기자 없는 기자회견의 주체는 비정규직 노동자부터 장애인, 페미니스트, 노숙인 등 그때그때 달랐지만 교집합은 분명했다. 바로 사회적 소수자·약자라는 점이었다. 아무도 취재하지 않는 사건을 혼자 알아보고 기사로 쓴다면 특종이 될 수도 있다. 만약 권력자의 일이었다면 취재 과정에서 일종의 희열마저 느낄 테지만 약자의 이야기는 그렇지 않다. 사회적 약자가 연 기자회견에 기자가 없다는 사실을 알아차리면 나도 모르게 그들의 이야기를 깐깐한 잣대로 바라보게 됐다. 그때부터는 공감이나 지지, 응원을 하기보다는 기사로 나갈 만한 이야기인지 평가하면서 재고 따지는 마음이 앞선다.

기자가 없는 채로 열렸던 수많은 기자회견은 모두 취재할 필요가 없는 이야기들이었을까. 강추위 속에서 나 홀로 참석했던 콜센터 상담사들의 기자회견은 저임금을 개선하고 직접고용을 촉구하는 내용이었다. 서울시는 상담사들의 인건비로 생활임금 이상을 책정하고 식대·교통비도 줬다고 밝혔다. 정작 용역 업체 소속 비정규직 노동자들은 이를 받지 못했다.

며칠 후 열린 장애인 이동권 관련 전국장애인차별철폐연대의 선전전과 여성가족부 폐지에 반대하는 여성단체의 기자회견에도 기자는 없었다. 2022년 11월, 노숙인 등 소수자의 차별 없는 의료권을 주제로 한 국회 간담회가 열렸다. 이에 참석하려다 옷차림을 이유로 출입을 제지당한 노숙인이 이를 국가인권위원회에 제소하기에 앞서 가진 기자회견도 마찬가지였다.

언론인으로서 먼저 변명하자면, 기자 없는 기자회견은 어느 정도 불가피하다. 신문사에서 '노동'을 담당하는 기자는 많아야 두세 명이다. 이마저도 복지나 환경 등 다른 출입처를 동시에 맡는다. 노동단체뿐 아니라 정부, 산하기관의 브리핑까지 매일 수차례 열리니 모든 회견에 기자가 자리할 순 없다.

더구나 비정규직 노동자와 장애인, 여성, 노숙인 차별은 전혀 새롭지 않다. 이들이 '사회적 소수자' 집단으로 묶인 이유 자체가 차별을 받는다는 전제이기 때문이다. 그렇기에 늘 새로운 사건을 찾는 언론의 우선순위에서 밀리기 쉽다. 기사로 쓴다 해도 여론의 주목도가 높지 않아 결국 취재하지 않는 악순환이 반복된다. 나 역시 남들과는 다른 대단한 기자 정신으로 사회적 소수자의 기자회견에 찾아간 것이 아니다. 소수자와 약자를 취재하는 마이너리티 팀 소속이기에 가능한 일이었다. 다른 출입처를 맡았다면 굳이 가지 않았을지도 모른다.

기자로 일한 지 10년 차가 되어가면서 이런 언론의 생리를 어느 정도 파악했다고 여겼다. 스스로의 모습이 제법 프로답다고 혼자 으쓱하기도 했다. 그러다 얼마 전 취재를 위해 50대 노숙인을 만났다. 오랜 기간 거리에서 생활해 온 그와의 인터뷰는 쉽지 않았다. 노숙을 하면서 사람과 자주 이야기를 하지 않은 탓인지 대화가 어려워 비슷한 질문을 몇 번이나 던졌다. 같은 설명을 반복하게 하는 기자에게 싫증이 날 만도 한데 진지한 태도로 계속 답을 해줬다.

인터뷰를 마치며 의례적으로 노숙인에게 가장 필요한 지원이 무엇인지 물었다. 일자리나 주거지원, 생계비 등을 염두에 둔 질문이었지만 의외의 대답이 돌아왔다. "언론사가 노숙인에게 지속해서 관심을 좀 보여주면, 매일 신문에 나올 순 없겠지만 한 달에 한 번이라도요. 나라님도 가난을 해결할 순 없다지만 그래도 관심을 가져야 하잖아요, 언론사는요." 노숙인은 "'누군가가 지켜보고 있다'라는 사실만으로도 사람은 달라진다"라고 덧붙였다. 이 '지켜보는 일'을 언론이 해달라는 말이었다.

지난 겨울, 콜센터 상담원들의 기자회견에 다른 기자가 없다는 사실이 당황스러워 회사에 보고를 했다. 부장은 "너라도 거기에 있다는 사실이 그분들에겐 많은 응원이 될 거야"라고 말해줬다. 노숙인의 인권위원회 제소 기자회견에서 노숙인 인권단체 활동가는 "취재를 나와주셔서 고맙다"라고 인사를 건넸다.

돌이켜보면 늘 그랬다. 겨울날 열린 기자회견에서는 손난로나 따뜻한 음료를 그들이 내 주머니에 불쑥 찔러줬다. 여름에는 뙤약볕에 송골송골 땀이 맺힌 얼굴을 하고 있으면서도 "고생한다"며 그늘로 내 등을 떠밀었다. 현장에 취재하는 사람이 나뿐이라는 이유로 불안을 느끼며 약자의 주장을 의심하던 내게는 이런 격려를 받을 자격이 없었다. 앞으로도 기자 없는 기자회견은 열릴 수밖에 없겠지만 누군가가 그들의 곁에 있기를 바라본다. 단 한 사람만의 시선으로도 변화가 생겨난다는 전 노숙인의 말처럼.

마땅히 혐오할 만한 존재들

회사가 서울역 근처에 있어 출·퇴근길 적어도 하루 두 번
은 서울역을 오간다. 서울역이라고 하면 많은 이들이 떠올
릴 노숙인들도 매일같이 마주한다. 유난히 덥거나 추운 날
엔 야외에서 어떻게 버틸지 걱정스러운 마음이 들기도 했지
만, 거기까지였다. 역사를 벗어나면 이내 사라질 아주 약간
의 거리낌이 전부였다. 어쩔 수 없는 일이라 여겼다. 거리 노
숙인이 한둘도 아니고 그들이 서울역 인근을 배회하는 일
역시 하루 이틀이 아니었으니.

　어느덧 한 폭의 정물화가 됐던 노숙인들은 2021년 겨울

의 어느 날부터 톡 튀어나온 못처럼 내내 마음에 걸리는 존재가 됐다. 어느 날 서울역사에 붙은 "엘리베이터 내/외부에서 대소변을 보는 노숙인 발견 시 역무실로 신고 바랍니다"라는 내용의 경고문 한 장이 시작이었다. 물론 무심히 스쳐 지나갔다. 경고문을 읽으며 서울역엔 노숙인이 많은 탓에 유난히 지린내가 심한 것 같다는 생각까지 했다.

"최근 서울교통공사가 여러 곳에 붙인 게시물은 사회적 신분에 따른 차별 행위입니다. '노숙인'이라는 사회집단에 대한 편견과 증오를 강화시키고 노숙인들에게 모욕감과 낙인감 등 정신적 고통을 안기는 형벌화 조치입니다." 경고문이 붙은 지 정확히 6일 후, 노숙인 인권단체 홈리스행동은 기자회견을 열고 이렇게 말했다. 관련 기사에는 경고문을 내건 서울교통공사의 입장도 함께 보도됐다. "서울역 엘리베이터 인근에 볼일을 본 분들을 CCTV로 확인해 보면 노숙인인 경우가 많았다"라는 해명이었다.

서울교통공사의 입장문이 사실에 근거했다고 하더라도 역사에 볼일을 본, 그리고 앞으로 볼 이들이 전부 노숙인일 리는 만무했다. 홈리스행동은 이 경고문이 노숙인들에게 적대적인 환경을 조성한다고 지적했다. 며칠 전 이 경고문을 보고 "노숙인 때문에 역사가 더러워진다"라고 여긴 것처럼. 명백히 차별적인 경고문을 보고도 아무런 문제의식을 느끼지 못했던 기저에는 '노숙인은 차별해도 되는 존재'라는 인식이 깔려 있었다.

숭례문 화재가 발생했던 2008년, 경찰은 "노숙자 차림을 한 사람이 숭례문에 올라갔다"는 목격자들의 증언을 근거로 서울역 인근 노숙인을 대상으로 수사를 벌였다. "노숙인들이 숭례문에서 라면을 끓이다 불을 냈다"는 소문도 퍼졌지만 범인은 노숙인이 아니었다. 숭례문 화재 이전에도 비슷한 일은 있었다. 지하철 6호선 방화사건 때도 '노숙자 같은 행색'을 근거로 한 노숙인이 체포됐다가 증거불충분으로 석방됐다. 이후 밝혀진 범인 역시 노숙인이 아니었다.

과거의 일일뿐일까. 2022년 11월, 국회의원회관에서는 국회에서 열린 간담회에 참석하려는 노숙인을 막아섰다. 이 노숙인은 신분증 제시를 비롯해 방문 신청서 작성 등 국회 출입을 위한 절차를 모두 밟았는데도 별다른 설명 없이 제지를 당하고 입구에서 기다려야 했다. 뒤늦게 연락이 닿은 관계자가 나왔을 때에야 "이런 행색의 사람들이 문제를 일으키는 경우가 많아 출입을 제한해야 했다"라고 설명했다.

'노숙인 행색'의 사람들은 여전히 차별받아 마땅한 데다가 차별의 이유마저 설명하지 않아도 되는 존재였다.

"바깥은 겨울이라서 추웠는데 국회 안으로 가니 더운 거예요. 그래서 바지를 걷고 있었는데 정신이상자처럼 보였나…. 길에서 생활하니까 유모차에 보따리도 주렁주렁 있고 머리도 추우니까 성냥팔이 소녀처럼 머플러를 둘렀거든요. 그래서 그랬나…."

국회에서 출입을 제지당한 노숙인 로즈마리(활동명) 씨는 몇 번이고 자신의 차림에 대해 설명했다. 자신의 옷차림에 문제가 있었고 그것이 원인이 됐다는 태도였다. 남루한 옷을 입었다고 해서 남들과 다른 출입 절차를 밟아야 할 이유는 없다. 그런데도 어쩐지 변명처럼 반복되는 그의 말은 노숙인을 향한 차별에 익숙해졌기에 나왔으리라. 로즈마리 씨는 "사실은 언제 어디를 가든지 옆 사람들이 나 때문에 다 일어나고 그런다"라고 덧붙이기도 했다.

로즈마리 씨와 통화하면서 1년 전 비슷한 시기에 서울역에 붙었던 경고문이 떠올라 마음 한구석이 홧홧했다. 그 경고문을 보고도 아무런 문제의식을 느끼지 못했던 나는 옷차림을 이유로 그를 막아섰던 국회 사람들과 무엇이 다른지.

과연 젠체하며 기사로 이번 일을 지적할 자격이 있을지에 대해서도 의문이 들었다.

한국 사회에는 '혐오받아 마땅한 존재'가 있다. 거주지가 일정치 않은 노숙인이 그렇고 중국 동포가 그렇다. 언론에서는 대부분 중국 동포라는 표현을 사용하는데 이를 두고 "언론이 조선족에게 장악당했다"라는 음모론이 횡행할 정도다. 난민뿐 아니라 '외국인 노동자'로 싸잡히는 동남아 국가 출신 이주민은 또 어떤가. 내가 절대 될 일 없는 존재에 대한 냉혹한 배제다. 때론 이런 혐오가 한국 사회의 정론처럼 느껴지기도 한다. 차별과 혐오의 타성에 젖는 일은 쉽고 편리하다. 차별에 저항하고 지적하려면 매사를 깐깐하게 바라봐야 한다. 역사에 붙은 경고문을 무심코 넘기지 않고 표현 하나하나를 곱씹어보는 경험이 마냥 즐거울 리 없다.

언론은 꾸준히 조선족이 아닌 중국 동포라는 표현을 쓴다. 아무리 대중이 조선족이라 부르고 이 표현이 일반적이라고 해도 그 안에 담긴 명백한 혐오의 프레임을 기사로 전시하고 확산하는 게 '언론'의 일일 수 없어서다. 언론은 '매체를 통하여 어떤 사실을 밝혀 알리거나 어떤 문제에 대하여 여론을 형성하는 활동'이다. 숭례문 방화 당시 노숙인을 용의자로 본 것을 반성하는 의미로 노숙인 차별에 대한 기획기사가 여럿 나왔다. 난민과 이주노동자에 대한 기획기사도 잊을 만하면 보도된다. 기사에 대한 공감보다는 "한 척(도덕적인 척)하지 마라"는 비판의 댓글이 넘쳐날지도 모른다. 그러나 단 한 사람이라도 "그럴 수도 있겠다"라고 생각해 보거나 당사자가 "모두가 날 싫어하는 건 아니다"라고 여겨주기를 바란다.

언론인은 종종 잠수함 속 토끼나 탄광 속 카나리아에 비유된다. 인간보다 공기 중 산소나 일산화탄소에 민감해 이상 현상을 경고하는 존재들처럼, 사회현상을 대중보다 더 예민하게 받아들여야 한다는 의미이다. 그러나 노숙인 앞에서 나는 얼마나 무뎠는지. 한발 더 나아가 혐오와 차별에 동조했다. 서울역을 지날 때마다 여전히 부끄러움이 몰려온다. 애써 떨치기보다는 잊지 않으려 하는 일 역시 일종의 제동일 것이다. 무심코 '편리한' 차별을 행하려고 했던 나와 우리에 대한.

「선한」 약자라는 망상

밤 10시쯤 모르는 번호로 전화가 왔다. 퇴근시간 후 걸려오는 전화는 대부분 반갑지 않은 내용이다. 오늘 나간 기사에 항의를 하거나 무언가 문제가 생겨 일을 해야 한다는 전화일 확률이 높다. 그렇다고 피할 수도 없는 노릇. 달갑지 않은 마음으로 받았더니 낯선 목소리가 들려왔다. 조금 화가 난 것 같기도 한 목소리는 "얼마 전 노숙인 센터에서 인터뷰를 한 사람"이라고 자신의 신분을 밝혔다. 연말을 맞아 자립을 했거나 이를 준비하는 노숙인 인터뷰를 하면서 만난 취재원이었다.

그는 내게 깊은 감명을 준 사람이기도 했다. 사실 그와의 인터뷰는 쉽지 않았다. 20년 넘게 노숙생활을 해 '대화의 기술'을 많이 잃은 탓이었다. 질문의 의도와 관계없는 대답을 하거나 그마저도 무슨 말인지 이해하기 어려웠다. 발음도 불명확해서 실례를 무릅쓰고 여러 차례 "방금 무어라 말씀하셨나" 다시 물어야 했다. 인터뷰 내내 진땀이 났다. 과연 이 인터뷰가 기사로 나갈 수 있을지 의문스러워 도중엔 엉엉 울어버리고 싶은 마음이었다.

인터뷰로 한 시간을 예정했지만 30분 정도가 흘렀을 시점엔 취재 의욕을 상당히 잃었다. 속으로 '망했다, 망했어'를 외치며 인터뷰를 끝내자고 결심했다. 자리를 정리하면서 "노숙인에게 필요한 사회적 지원이나 정책에는 어떤 게 있을까요"라는 마지막 질문을 큰 기대 없이 던졌다.

답은 정해져 있었다. 주거나 생활비 지원 혹은 취업 알선 등의 대답이었다. 만약 이런 내용이 나오지 않는다면 유도를 해서라도 듣고 갈 계획이었다. 잠시 후 돌아온 답변은 기대와 전혀 달랐다. "언론사가 지속적으로 관심을 보여줬으면 좋겠어요." 한 달에 한 번이라도 과연 무엇이 필요한지 심층 분석해서 내보내면 여론이 모여 지원 정책도 생겨날 수 있다고 그는 당부했다.

'얘기가 안 된다'라고 간주하며 관습적 태도로 인터뷰에 임했던 스스로가 부끄러워 얼굴이 화끈거렸다. 마주 앉은 사람 자체보다 어떻게 기사를 써야 하는지 더 골몰하던 자신이 한심했다. 인터뷰를 마치고 돌아가면서 '언론인의 자세'를 다시 되새겼을 정도로 그와의 만남은 인상적이었다.

그랬던 그가 늦은 시간 전화를 건 용건은 바로 인터뷰 비용 때문이었다. 초상권 명목으로 소정의 인터뷰비를 주는 방송사와 달리 대부분의 신문사는 취재원에게 금품을 주지 않는다. 입사 초기엔 취재에 응하는 이들에게 마땅한 보상이 있어야 하는 게 아닌가 하고 물어본 적도 있다. 회사에서는 "취재원에게 돈을 주면 발언이 오염될 가능성이 있다"라고 설명했다. 인터뷰비 지급을 미끼로 기자가 원하는 대로 말을 해달라고 요구할 수 있다는 취지였다. 개연성은 있지만 요즘 사회에서는 받아들이기 힘든 이야기일 수 있다. 언론의 위상도 많이 달라졌다. 인터뷰에 응하면서 비용을 요구하는 이들도 종종 있다. 시간을 내 자신의 이야기를 나누는 것에 대한 대가를 달라고 하는 일은 당연하다. 기사가 '선한 의도'를 가지고 사회에 도움을 주고자 쓰인다 해도 개인에게는 말 그대로 무료 봉사에 지나지 않는다.

그는 "내가 돈 때문에 이러는 게 아니다"라고 거듭 말하며 언론사가 인터뷰비를 주지 않는 건 이치에 맞지 않는 일이라고 강조했다. 취재원에게 사비로 인터뷰비를 주기도 했기에 이번에도 그럴 요량이었다. 다만 회사의 관련 정책에 변화가 있을까 싶어 다음 날 확인해 보고 연락을 주겠다고 말했다. 그는 "몇 시까지 전화를 줄 수 있나"라고 물었다. 오전 중엔 가능하다고 했지만 구체적인 시간을 알려달라기에 오전 11시 전에는 전화를 하겠다고 약속했다. 전화를 끊자 어쩐지 착잡해졌다. 다음 날 출근을 위해 일어나 휴대폰을 확인하자 새벽 2시에 그로부터 온 부재중 전화가 찍혀 있었다. 하루 중 기사 발제 준비로 가장 바쁜 오전 9시에도 줄기차게 전화가 왔다. "나중에 전화 드리겠다"라는 문자를 보냈는데도 계속되는 전화에 결국 두 손 두 발 다 들었다. 목소리가 곱게 나가지 않았다. "노숙인 센터를 통해 인터뷰비를 전달해 드리겠다"라고 말하는 내 목소리에는 분명 날이 잔뜩 서 있었으리라.

전화를 끊고 한참을 씩씩대다가 문득 '왜 화가 날까'라는 질문이 떠올랐다. 채근이 과하긴 했지만 그의 요구가 불합리한 건 아니었다. 그런데도 난 그에게 굉장한 배신감을 느꼈다. 인터뷰에서 감동을 줬던 사람이 밤늦은 시간 불쑥 전화해 돈을 달라고 했다는 사실을 믿기 어려웠다. 그는 오랜 노숙 생활을 끝내고 자립 주택으로 이사를 앞두고 있었다. '새 사람'이 된 것 같아 보이던 모습을 떠올리며 그에 대해 썼던 기사가 모욕을 당했다는 생각마저 들었다. 하지만 내겐 그에게 실망할 자격이 없었다. 그가 자립을 포기하고 다시 거리로 나선대도 마찬가지다. 노숙 생활 청산은 말처럼 쉽지 않다. 그 과정에서 몇 번을 실패하더라도 혹은 인터뷰비를 달라고 닦달하더라도 고작 40분 남짓 인터뷰를 했던 기자가 그에게 분노할 이유가 있을까.

인정하긴 어렵지만 그를 향한 실망에는 약자가 마땅히 어떤 모습을 갖추어야 한다는 의식이 있었다. 약자는 선할 것이란 기대는 사실 환상에 가깝다. 선한 약자도 당연히 있다. 하지만 선함이 사회적 지원의 전제조건이 될 수는 없다. 사회적 약자가 착하기 때문에 그들을 보살피고 구휼하는 게 아니다. 그런데도 사람들은 기대심리를 가진다. 복지 제도의 수혜를 받는 자가 '감사한 마음'을 갖고 현명하고 합리적으로 소비하기를.

온라인에서 한때 논란이 됐던 일이 있다. 한 아동이 일본식 돈가스 집에서 결식아동을 위한 급식카드로 밥을 먹었다. 이를 괘씸하다고 여긴 이들이 갑론을박을 벌였다. 돈가스를 먹든 스테이크를 썰든 값비싼 캐비어와 랍스터를 사든 (예산의 한계로 불가능하겠지만) 법에서 금지하지 않는다. 그런데도 이런 일이 일어났다간 사회가 발칵 뒤집어지리라. 결식아동이 "어떻게 감히" 그럴 수 있냐는 비판이 쏟아지면서 당장 지원을 줄이거나 중단하라고 노발대발할 것이 분명하다. 한국 사회에 페미니즘 리부트가 번지던 시기, 공격적인 언사로 차별을 이야기하는 이들에게 "그렇게 말하면 편 안 들어줄 것"이라고 말하던 것도 비슷한 맥락이다. "어떻게 감히" 여성이 그럴 수 있나.

약자를 대할 때면 무심코 그들이 '착하게' 굴기를 바란다. 매달 소액으로 해외 아동을 지원하는데 가끔씩 보내오는 편지가 성의가 없다고 느껴져 서운함이 들 때가 있다. 인간은 원래 다소 치사하고 이기적인 존재이기에 어쩔 수 없는 일이다. 그럴 때마다 '정신차리자'고 다잡는 수밖에 없다. 무의식 속에 깊게 뿌리내린 망상에 가까운 환상은 아주 끈질기게 따라다니기 때문에 자칫하면 잠식되기 쉽다. 오늘도 내

안의 망상과 싸우며 외친다. "착한 약자는 내 얄팍한 보상심리에 불과하다"라고. 약자에 대한 환상을 깨는 것, 거기서부터 동정 아닌 진정한 연대가 가능해진다.

대학가의 「청출어람」

어려서부터 선생님의 가르침을 유난히 잘 따르는 학생이었
다. 같은 말이라도 선생님의 입에서 나오는 순간 절대적인
정언명령이 됐다. 초등학교 때 "음식은 열 번 이상 씹고 삼켜
라"라고 배운 날, 가족들이 식사를 모두 마칠 때까지 손가락
을 접어가며 씹은 횟수를 우직하게 세다가 엄마에게 한소리
들었을 정도다. 학교는 선생님의 말을 빌려 살면서 지켜야
할 규칙을 가르쳤고 고스란히 나라는 인간의 도덕률이 되었
다. 물론 이런 가르침을 늘 준수하긴 어려웠지만 나름대로
노력은 하면서 살았다.

나이를 먹어가면서 점차 퇴색됐지만 여전히 학교는 지식을 가르칠 뿐 아니라 도덕적 권위를 지닌 공간이었다. 그랬기에 다니던 대학에서 무인경비 시스템 도입으로 경비원을 해고한다고 했을 때 큰 배신감과 함께 혼란에 빠졌다. 같은 학기 철학 교양수업에서 배운 "다른 사람을 수단이 아닌 목적으로 대하라"라는 칸트의 말을 채 소화하기도 전에 벌어진 일이었다. 경비원들은 매일 아침저녁으로 학교 건물에 들어서며 인사를 나누던 다정한 이웃이었다. 다른 곳도 아니고 학교에서 계산기를 두드린 결과 고령의 노동자들을 하루아침에 내친다는 사실은 받아들이기 힘들었다. 심지어 모교의 교훈은 '사랑의 실천'이었다. 이런 게 사랑의 실천인가. 한동안 교훈이 적힌 비석 근처를 지날 때마다 삐딱한 눈길로 바라보곤 했다.

모교가 유난히 악덕 재단이라 벌어진 일은 아니었다. 대부분의 대학이 재정의 어려움을 호소하며 1990년대 후반부터 청소·경비 업무를 외주화했다. 대학은 용역 업체와 계약을 맺고 업체가 노동자를 고용한다. 자연스레 대학 내 노동조건은 열악해질 수밖에 없었고 관련 문제가 수면 위로 떠올랐다. 그러나 '간접고용'의 방패를 두른 대학 본부는 책임에서 벗어났다. 2010년 홍익대는 청소노동자 노동조합이 만들어지자 용역 업체와 계약을 해지하는 방식으로 대응했다. 이후 대학가에서는 해고(계약 해지)부터 임금, 노동환경을 둘러싼 갈등이 매년 비슷비슷한 모양새로 되풀이됐다.

대학가에서 일상적인 풍경으로 박제되던 청소 노동자와의 갈등이 2022년 여름 새삼 주목을 받은 배경은 따로 있다. 일부 연세대 학생이 교내에서 집회 중인 청소·경비 노동자를 상대로 민·형사 소송을 냈다는 소식이 알려졌다. 연세대 청소 노동자들은 시급 약 400원 인상과 샤워실 설치, 정년 퇴직자 인원 충원 등을 요구하는 집회를 하고 있었다. 소송을 낸 학생은 소음으로 학습권이 침해됐고 노동자의 집회가 허가받지 않은 불법이라고 주장했다. 수업료와 정신적 손해배상, 정신과 치료비 등을 더해 640여만 원을 청구했고 업무방해죄로 형사 고소도 했다.

일각에서는 젊은 세대의 지나친 능력주의와 공감 능력 부족에서 나온 사건이라고 비판했다. 청년들의 노동 경시를 우려하는 목소리도 나왔다. 한 노동 운동가 출신 교수는 대학에 특강을 갔다가 학생에게 "저는 삼성에 취업할 예정이라 노동자가 되지 않을 것"이라는 이야기를 들었다고 했다.

노동에 대한 무지에서 나온 발언이겠지만 무지에 앞선 선 긋기가 있다. 노동자를 나와 다른 사람이라 여기는 특권의식이 노동자라는 단어의 뜻조차 알기 싫은 존재로 만들었다.

"요즘 애들 이기적이다"라며 혀를 쯧쯧 차고 돌아설 일은 아니다. 한국 사회의 '젊은 세대'가 어느 날 갑자기 하늘에서 뚝 떨어진 존재던가. 수험생 사이에는 "열심히 공부 안 하면 여름엔 더운 데서 일하고 겨울엔 추운 데서 일한다"는 흔한 격언이 있다(요새는 "나중에 쿠팡 알바하기 싫으면 공부하라"는 변주도 등장했다고). 이는 학생들이 만들어낸 게 아니다. 그들을 가르치고 보살피는 이들이 아이들의 미래를 '염려하는' 마음에 꺼낸 말들이다. 나 역시 학창시절 선생님에게서 비슷한 이야기를 들었다. 이런 말을 듣고 자란 사람이 '밖에서 일하는 사람'을 무의식중에 업신여기지 않기는 어렵다. 오늘날 젊은 세대의 모습에는 분명 앞서 세상을 살아온 이들의 책임이 있다.

연세대 사태도 마찬가지였다. 갈등의 한가운데 선 연세대는 이전 방식과 마찬가지로 "용역 업체와 노동자 사이의 일이라 대학과는 관계가 없다"라면서 발을 뺀 채 관망했다. 연세대뿐 아니라 고려대, 숙명여대 등에서 대학 내 노동자들의 처우 개선을 요구하는 투쟁이 이어졌으나 대학 본부는 서로 짠 듯이 묵묵부답이다. 하청인 용역 업체는 결국 원청인 학교가 정한 대로 움직일 수밖에 없는데도 말이다. 사회는 이런 눈 가리고 아웅을 받아들여 줬고 학생들은 가장 가까운 데서 이를 지켜봤다. 이 역시 일종의 '수업'이 아닐 수 없다.

연세대 재학생의 소송은 학교의 가르침을 고스란히 받아들여 실천한 결과다. 대학 본부가 학교 안에서 벌어지는 집회를 "우리와 관련 없다"라고 선을 그으니, 학생이 '우리'의 선 밖으로 청소·경비 노동자를 밀어내는 일은 당연하다. 소송 당사자인 연세대 학생은 온라인 커뮤니티에서 "학생들이 낸 등록금으로 먹고사는 청소 노동자들의 노조 활동으로 왜 학생들의 공부가 방해받아야 하나"라고 따져 물었다. 노동자들의 외침을 모르쇠 하는 데서 한걸음 더 나아가 적극적으로 입막음에 나섰으니 어찌 보면 스승보다 나은 청출어람이 아닌가.

「누칼협」이라는 시대정신

최근 '누가 칼 들고 협박했나(누칼협)'라는 문장이 여기저기서 보인다. 외부의 협박이 아닌 본인 선택에 의한 결과라면 스스로 책임지라는 뜻인데, 2022년의 밈으로 꼽는 이들이 적지 않았을 정도다. 해가 바뀌었지만 이 마법의 문장은 끈질기게 살아남을 것 같다는 예감이 든다. 불길한 예감은 늘 틀리지 않기 마련이건만.

처음 누칼협과 맞닥뜨린 건 푹푹 찌는 여름날 시작됐던 조선소 하청 노동자의 파업에서였다. 그는 경남 거제의 0.3평짜리 철제 구조물에 스스로를 가두고 "이대로 살 순 없지 않습니까?"라고 쓴 종이를 들어 보였다. 오랜 불황과 사내 하청 노동에 의존하는 조선업 구조상 20년차 숙련공이 최저임금을 받고 일하는 중이었다. 이런 열악한 현실에 대한 고발이었다. 그의 질문에 사회가 돌려준 대답은 누칼협이었다. 누가 조선소 하청 노동자로 살라고 칼 들고 협박했나, 스스로 선택한 직업이면서 왜 떼를 쓰고 징징거리냐는 일갈이었다. 같은 해 화물연대 총파업에서도 누칼협은 어김없이 등장했다. 칼 들고 협박당한 것도 아닌데 왜 고된 화물차 운전을 계속 하는가. 그토록 힘들다면 다른 직업을 가지면 그만 아닌가.

파업이라는 본격적인 행동이 아닌 단순한 푸념도 누칼협의 대상이 된다. 폭설을 치우러 새벽에 출근하는 공무원, 밤새 취객에게 시달린 경찰, 일에 비해 월급이 적다는 직장인의 불만에도 누칼협의 칼날은 가차 없다. '영끌'로 투자를 하거나 집을 산 이들에게는 조롱이 됐고 비극적 사고에서는 마침내 흉기로 면모했다. 핼러윈에 일어난 이태원 참사에서 누칼협은 희생자와 유족을 모욕하는 표현으로 등장했다. 한 SNS 빅데이터 분석 업체는 2022년 중 누칼협 언급량이 제일 많았던 날이 이태원 참사 이틀째인 10월 30일이었다고 밝혔다.

누칼협 이전에도 비슷한 의도를 가진 말들은 있었다. "그러게 공부 좀 열심히 하지 그랬냐", "너 말고 일할 사람 많다", "그렇게 계약했으면서 이제 와서 딴소리야" 등등. 이런 문장을 제치고 누칼협이 위력적인 밈이 된 건 실제로 칼로 협박받는 사람은 없으니 반박이 어려워서다. 한국에 살면서 칼 같은 흉기에 의한 협박은, 전혀 없는 건 아니지만 비일비재한 사건은 아니다. 문명사회에는 법과 규칙이 있고 법에서는 협박을 금지한다. "사람을 협박한 자는 3년 이하의 징역, 500만 원 이하의 벌금·구류 또는 과료에 처한다"라는데 어찌 누칼협이 횡행할까. 심지어 누칼협은 특수협박죄에 해당하니 처벌이 더욱 중하다. 내가 겪은 협박 경험을 떠올리자면 어린 시절 동생과 사이좋게 지내라고 파리채를 들이밀던 엄마의 '누파협' 정도가 고작이다. 아무도 누칼협의 경험이 없으므로 그들의 선택은 오롯이 자유의지로 여겨졌다.

2023년 새해가 시작되고 나흘이 지난 어느 날 국회 앞에서 신년맞이 2,600배를 하는 사람들이 있었다. 하청 노동자들이었다. 현행법은 근로 계약의 직접적인 상대방을 사용자로 보고 있어 하청 노동자나 특수고용 노동자들이 '진짜 사용자'와 교섭하기가 어렵다. 이런 현실을 바꿔달라는 요구였다. 이들 역시 누구도 하청 노동자로 일하라는 협박을 당하지 않았으니 그들이 겪는 부당함은 '악으로 깡으로 버텨야'만 하는 걸까. '누칼협' 하지 않았지만 '악깡버' 하는 사이 책임져야 할 자리에 있는 자들은 과연 무엇을 하고 있을까. '누칼협'이라는 냉소에 숨어 슬며시 미소 짓고 있지 않을까.

공공기관 콜센터에서 일하는 하청 노동자 하나(가명) 씨를 만났다. 그는 노동조합에 가입해 임금인상을 비롯한 처우 개선에 꾸준히 목소리를 내고 있다. 출산 전 그래픽 디자이너였던 하나 씨는 아이를 낳고 경력단절이 됐다. 막장 드라마에나 나오는 일이라 여기던 남편의 바람으로 이혼하게 되면서 일자리를 찾게 됐다. 그는 "갑작스럽게 책임지게 된 생계는 칼로 하는 협박보다 무섭다"라고 했다. 콜센터 상담원 업무가 쉽지 않음을 알았지만 혼자 아이를 키우려면 돈을 벌어야 했다. 당장 그를 받아주는 직장은 그곳뿐이었다. 하나 씨의 구직을 정말 개인의 선택이라고 할 수 있는 건지 물음표가 남았다. 그는 누칼협을 외치는 사람들에게 묻고 싶다고 했다.

"사회의 구성원으로 살아가면서 100% 자유로운 선택이

정말 가능할까요. 사실 태어나는 순간부터 자의가 아니었는

데 말이죠."

"요즘 여고 동창들은 마트 계산대가 아니라 요양보호사 학원에서 만난대요. 나이 들어서."

7월 1일 '요양보호사의 날'을 앞두고 인터뷰를 위해 만난 50대 여성은 이런 우스갯소리를 했다. 여성들이 경력 단절후 나이가 들어 택하는 직업, 즉 재취업 수단이 대형마트 점원에서 요양보호사로 옮겨가고 있다는 이야기였다. 이 여성역시 몇 년 전까지 대형마트 계약직으로 일했지만 점차 일자리 구하기가 어려워졌다.

주변의 권유로 요양보호사 자격증을 따기로 했다. 친구 여럿이 요양보호사로 일하고 있는데다 국가공인 자격증이라는 점이 마음에 든다는 귀띔이었다. "평생 이 일 저 일 되는 대로 해왔는데 자격증이 있으면 하나의 어엿한 직업으로 인정받을 수 있지 않겠어요." 여성의 눈에는 벌써부터 자부심이 가득했다.

찬물을 끼얹고 싶지 않아 말을 보태지 않았지만 인터뷰를 진행하는 내내 입맛이 썼다. 요양보호사의 현실은 녹록하지 않다. 평균 연령 58.9세로 여성 비율은 90%인 중·고령 여성의 일자리 요양보호사. 평균 근속기간은 조사 대상국 중 가장 짧은 수준인 2년(OECD, 2020)이다. 절반 이상이 시간제 계약직으로 2020년 기준 월평균 근무시간 108.5시간, 평균 임금 114만 원에 불과하다.

요양보호사라는 직업이 생기기 전 가정에서 돌봄을 책임졌던 중년 여성들은 이제 집 밖에서 사회 서비스를 제공한다. 여전히 우리 사회의 돌봄은 이들을 '갈아서' 돌아간다. 여성들이 가정에서 행해왔던 무급 노동은 밖으로 확대되고도 그 설움이 크게 다르지 않다. 돌봄노동은 여전히 여성의 일로 남았다. 양질의 일자리나 성차별 완화와는 거리가 먼 저임금, 불안정한 고용형태, 인권침해가 일상인 질 낮은 일

자리가 됐다.

"선생님이라고 부른다고 해서 돈이 드는 것도 아닌데 꼭 아줌마라고 부른다니까요." 3년차 요양보호사는 이렇게 한탄했다. "아줌마라고 부르지 말아달라"고 부탁한 이후로는 "저기"라고 부르거나 아예 호칭을 생략한다는 것. 곧 죽어도 선생님이란 존칭을 입 밖에 내지 않는 심리에는 멸시가 깔려 있다.

이런 무시가 낳은 부당한 업무 외 지시나 성희롱, 폭언, 폭행은 너무나 흔해 기삿거리조차 되지 못할 지경이다. 2021년 3월 541명을 대상으로 실시한 조사*에서 요양보호사 10명 중 8명이 "일하는 중에 폭언, 폭행, 성희롱을 당한 적이 있다"라고 응답했을 정도다. 2008년 7월 1일 장기요양보험제도가 도입되고 이듬해 요양보호사의 날이 제정됐다. 하지만 10년이 넘도록 별다른 대책이나 처우 개선 방안 마련되지 않았을 정도로 모두의 관심 밖이다.

이런 상황에서도 현장의 많은 요양보호사는 전문가로서 자부심을 가지려 노력하고 있었다. 10년차 요양보호사는

---

* 전국요양서비스 노동조합, 노동환경 실태조사

"우리는 이론과 실기, 현장실습 240시간에다가 국가시험 이후로도 매년 직무교육을 듣는 전문가"라고 강조했다. 또 "돌봄 대상자도 아줌마가 아닌 전문가에게 돌봄을 받는 게 마음이 더 놓이지 않겠나"라고 물었다. 누구나 나이가 들면 질 좋은 돌봄을 받고 싶을 것이다. 과로와 박봉에 시달리는 '아줌마'와 적절한 근무시간과 보상을 받는 '선생님' 중 누가 더 정성 들인 돌봄을 제공할 수 있을까. 요양보호사의 처우는 결국 나 자신의 노후와 맞닿아 있다.

한국만의 문제는 아니다. 전 지구적으로 모든 국가가 돌봄노동의 가치를 인정하는 것을 거부한다. 돌봄노동에 투영된 성차별, 즉 '여자들이나 하는 일'이라는 인식 탓이다. 그렇기에 선생님이란 호칭은 물론 노동환경 개선도 더디다. "성역할 구분에 기반한 가족 내 돌봄이라는 전통은 사회서비스에 대한 인식을 지연시키는 핵심적 요인[*]이 됐다. 저임금이어도 일자리가 절실한 경력단절 여성의 쏠림 현상이 나타나 악순환은 계속됐다. 이런 분석은 해외에서도 다르지 않다. 미국의 정치 이론가 조안 C. 트론토는 "남성은 공적영역에

---

[*] 김진석 서울여대 사회복지학과 교수

서 생산적인 노동을 하고 여성은 그 대가로 돌봄을 맡는다. 그런 전통적인 인식이 공적영역에서도 그대로 유지, 돌봄노동의 성별화된 고정관념을 고착화했다"[*]라고 지적했다. "이러한 요인으로 돌봄노동이 저임금 노동 중 하나이자 가장 열악한 혜택을 받는 집단 중 하나가 됐다"라고 덧붙였다.

우리나라와 다른 점은 해외에서는 점차 이를 해결해 나가려 노력하고 있다는 사실이다. 호주의 사회서비스 노조는 돌봄노동 분야의 저임금이 '여성 집중 직무에 대한 사회적 저평가' 탓이라 보고 정부에 진정을 냈다. 2012년 시정명령이 내려졌고 8년 이내 19~41%의 임금인상이 결정됐다.

뉴질랜드에서도 "여성의 일에 대한 역사적 평가절하로 남성이 수행했다면 받았을 임금보다 낮은 수준으로 책정됐다"라는 노조의 주장을 법원이 받아들였다. 뉴질랜드 정부는 관련 노조와 교섭을 시작, 2017년 4월 '돌봄 및 지원노동자 형평임금 협약'을 체결했다.

반면 한국에서는 뚜렷한 노력이 보이지 않는다. 돌봄노동자 처우 관련 부서도 보건복지부, 여성가족부 등으로 쪼개

---

* 조안 C. 트론토, 『돌봄 민주주의』, 박영사

저 있다. 덕분에 책임 소재가 불분명하고 돌봄노동자의 처우를 위한 정책도 소홀하다. 국가에서 보육과 돌봄 등 사회 서비스를 제공하기로 한 사회서비스원도 유야무야 사라질 지경에 처했다.

오래도록 해결되지 않은 문제를 기사로 쓰는 일은 때론 무용하게 느껴진다. 처음 언론의 문제 제기가 있을 당시 반짝 관심을 받았지만 별다른 변화가 없었기에 이제는 상수가 되어버린 수많은 문젯거리들. 하지만 당사자들은 여전히 현장에 남아 목소리를 내고 있다. 인터뷰를 했던 10년차 요양보호사는 며칠 후 이메일을 한 통 보내왔다. 그가 소망을 담아 쓴 편지의 일부를 그대로 옮긴다.

"2012년 7월, 삼엄한 경비 속에서 치른 국가시험에 당당히 합격하고 자랑스러운 요양보호사가 되었습니다. 당시만 해도 최저 시급에 비정규직 노동자가 될 운명을 전혀 예감하지 못했습니다. (중략) 요양보호사의 날, 그저 수고한다는 말뿐인 격려는 더는 필요하지 않습니다. 돌봄노동이 경력단절 여성 노동자들의 가사노동으로 저평가되지 않고 건강한 사회로 이끄는 소중한 노동으로 인정받기를 바랍니다."

난민이 그렇게 좋으면

"난민이 그렇게 좋으면 기자 네가 집에서 데리고 살아라. 그건 못하지?" 난민 관련 기사를 쓸 때면 어김없이 이런 댓글이 달린다. 이 글을 쓰면서 다른 언론사에서 쓴 난민 기사를 검색해 보기도 했는데 반응은 엇비슷했다. "기자가 난민과 함께 살아라. 홈스테이를 통해 인도주의 정신을 실천하시면 되겠네.", "기자부터 솔선수범하자. 자기 집에 난민 한 명 받아들이고 이런 기사 써라."*

---

* 이는 굉장히 고운 단어로 고친 표현임을 알린다.

이런 댓글 공격에 시달렸던 대표적 인물은 바로 배우 정우성이다. 유엔난민기구 친선대사인 그는 2018년 SNS에 방글라데시 로힝야 난민촌 사진과 함께 연대를 호소하는 게시글을 올렸다가 비난에 시달렸다. 제주도에 도착한 500여 명의 예멘 난민이 주목을 받던 시기였다. 국민청원 게시판에도 난민을 받지 말자는 글이 올라왔다. 무려 70만 명이 동의했을 정도로 반(反) 난민 정서는 우리 사회의 주류에 가까웠다.

정우성 씨를 향한 반감은 그가 난민의 유입으로 인한 범죄와 폭력의 위기에 직접적으로 노출되지 않으면서 '이상적인 태도'를 보인다는 데서 비롯됐다. 난민이 수용될 경우 우리는 같은 동네에서 그들과 일상적으로 마주치게 될 것이다. 하지만 유명인인 그는 유엔난민기구 활동을 하며 해외 난민촌을 방문하는 것 외엔 직접 부대낄 일이 없다는 주장이었다. 기자를 향한 댓글 공격도 이러한 인식과 궤를 같이한다. "입으로만 인권 타령하는 위선자"라는 책망이다.

다른 소수자 이슈와 달리 난민은 특히 여성의 반대 목소리가 높은 편이다. 가장 최근의 난민 관련 여론조사*에서도

---

* 한국리서치, 난민 수용에 대한 한국인의 인식, 2021.11.

수용에 찬성한다는 답변은 남성(54%)이 여성(42%)보다 많았다. 역시 난민을 향한 공포에서 비롯된다. 여성들은 수용을 하더라도 '엄격한 심사에 따라 제한적으로' 해야 한다고 답했다. 치안에 위협이 될 것이란 우려가 상대적으로 범죄에 취약할 수밖에 없는 여성들의 마음에 빗장을 채우는 듯하다.

개인적으로 난민 관련 설문조사를 한다면 꼭 하고 싶은 질문이 있다. "난민의 국적이 어디인지 아는가"다. 2019년 난민 신청 상위 5개국은 러시아, 카자흐스탄, 중국, 말레이시아, 인도순이다. '난민' 하면 떠오르는 '이슬람 국가'는 명단에 없다. 카자흐스탄이 이슬람 국가이긴 하지만 히잡도 쓰지 않을 정도로 색채가 옅은 편이다. 같은 해 난민들의 출신 국가를 봐도 미얀마(34명), 방글라데시(6명), 에티오피아(6명), 이란(6명), 예멘(4명)순이다. 정상률 명지대 중동문제연구소 교수는 "전 세계 무슬림 12억 명 중 이슬람국가(IS), 탈레반, 알카에다 등 정파의 이익을 위해 폭력을 불사하는 '정치화된 무슬림'은 5,000만 명 정도"라고 말한다.

난민이 늘어나면 범죄 증가로 이어진다는 주장에는 명확한 근거가 없다. 난민의 범죄 통계는 찾기 어렵다. 난민이라는 집단을 대상으로 범죄 통계를 내는 일 자체가 '차별적인 심증'을 갖고 있기 때문에 이뤄지지 않는다. 형사정책연구원의 조사에서 지난 5년간(2014~2018년) 인구 10만 명당 범죄자 검거 인원 지수가 높았던 상위 3개국은 몽골과 키르기스스탄, 우즈베키스탄이었다. 난민 신청 건수 상위국과는 거리가 멀다. 매년 수용하는 난민 수가 늘고 있는 독일은 2020년 범죄 건수가 1992년 이후 최저 수치를 기록했다. 외국인 인구 대비 외국인 범죄자 수 비율 역시 2015년 10%에서 2020년 5.8%로 줄었다.

난민에 호의적인 독일은 국민들이 '정의롭기 때문에' 이들을 받아들인 것이 아니다. 물론 나치를 반성하는 의미도 있지만 가장 큰 이유는 독일이 늙어가고 있기 때문이다. 고령화로 노동인구가 줄어든 상황에서 독일 정부는 적극적인 포용 정책을 발표했다. 독일 내부에서도 이견은 있지만 난민 우호 정책은 앞으로도 계속될 것이다. 앙겔라 메르켈 총리와 보수 기독민주당의 16년 집권이 막을 내렸다. 새로 출범할 사민당과 녹색당, 자민당의 '신호등 연정'은 지난 정권보다 난민에 더 진보적이다. 세계은행(WB), 국제통화기금(IMF), 경제협력개발기구(OECD) 등 주요 국제 경제 기구들의 전망도 다르지 않다. "세계적 노령화 추세가 진행되는 가운데 모든 개발 단계의 국가들이 난민·이민 등 인구 변동을 거대한 개발의 기회로 활용할 수 있다"라는 기대를 내놓고 있다.

세계 어느 정부도 난민·이민 수용 정책을 쉽게 선택하지는 못한다. 전 세계적인 저성장으로 인해 각국이 높은 실업률에 시달리면서 여론은 갈수록 이민 정책에 부정적이다. 정부는 '경제활동을 하고 세금을 내줄' 노동력인 이민자를 원한다. 하지만 국민들에게는 사회불안을 높일 성가신 존재이자 노동력 시장에서 일자리를 뺏는 경쟁자로 받아들여진다. 정작 이주노동자 대부분은 내국인이 꺼리는 단순 노무직에서 일한다는 사실은 외면한다. 일손 구하기가 하늘의 별 따기인 농촌은 "외국인 노동자 없인 일 못 한다"라고 입을 모을 정도다.

정부도 이를 부채질하고 있다. 법무부는 2018년 홈페이지에 게시한 카드뉴스에서 "예멘 난민 신청자들에게 수입이 없다면 범죄에 노출돼 제주도민의 안전이 위협받을 가능성이 있다"는 주장을 내놨다. 법무부는 현지에서 한국 정부와 일했던 이들을 피난시키는 상황에서 들어온 이들을 '특별기

여자'라고 불렀다. 한국 정부에 조력했다는 이유로 박해를 받을 수 있는, 즉 난민에 속하는데도 이를 부정한 셈이다. 국민의 반대여론을 차단하려는 의도였지만 난민에 대한 편견과 혐오를 인정한 것과 다름없다.

유엔난민기구에 의하면 2022년 기준, 강제로 집을 떠난 사람은 약 1억 800만 명으로 지난해보다 1,900만 명이나 늘었다. 난민 수가 1억 명을 넘어선 건 역사상 처음이다. 우리는 끊임없이 난민의 범죄에 대해 이야기하고 경계하면서도 그들을 향한 혐오 범죄는 이야기하지 않는다. 독일에서 외국인에 의한 범죄는 줄었으나 난민과 난민 보호소를 상대로 한 공격은 한 해 2,533건에 달했다(2016년 기준). 이는 관련 범죄가 하루에 일곱 번꼴로 일어났음을 의미한다.

2023년 7월 1일은 한국이 난민법을 시행한 지 10년 되는 날이었다. 한국은 아시아 최초로 난민법을 만들고도 정작 난민에게 문턱이 높은 나라다. 2014년 1월부터 2023년(5월 말 기준)까지 10년 동안 한국에 온 난민 신청자는 8만 5,105명이지만, 난민 지위를 인정받은 숫자는 987명에 그친다. 난민 인정률이 2.06%로 OECD 37개국 평균 난민 인정률(24.8%)의 발끝에도 미치지 못한다. 일각에서는 한국이 휴전

국이라 탈북자가 존재하기에 난민까지 감당하기는 어렵다고 말한다. 그러나 이는 우리가 세계 다른 나라 못지않게 난민이 될 가능성이 높다는 사실을 보여주는 증표다. 세계 꼴찌 수준의 난민 인정률을 기록하던 한국이 위기를 맞아 "난민으로 인정해 달라"는 요구를 다른 나라에 한다면 그 목소리는 2.06% 정도의 설득력을 가질까 의문스럽다.

어른이 되면

아이가 어른이 된다는 건 부모에게 더할 나위 없는 기쁨이다. 갓 세상에 태어났을 땐 자신의 목조차 제대로 가눌 수 없던 존재. 이를 '다 자란 사람. 또는 다 자라서 자기 일에 책임을 질 수 있는 사람'이라는 의미의 어른이 될 때까지 무사히 양육해낸 부모의 감격은 경험하지 못한 이로서는 상상하기 어려울 테다.

  "살면서 '스무 살'이란 단어에 설레지 않은 사람이 있을까요. 그 지겹고 짜증나는 고등학교 3학년 때 얼마나 많은 꿈을 꿔요, 스무 살에 대해. 그런데 전 올해 대학수학능력시험

(수능)일인 11월 17일이 너무 무서워요. 그날이 오는 게."

　1,071명의 발달장애인 당사자와 가족의 이야기를 듣는 기획기사를 준비하면서 만난 김중연 씨는 이렇게 말했다. 중연 씨의 아이는 중증 자폐성 장애가 있는 19세 고등학생이다. 생후 24개월에 병원에서 진단을 받은 뒤 그의 삶은 이전과 완전히 달라졌다. 당시만 해도 자폐성 장애에 대한 정보가 지금보다 더 희박할 때라 이를 '질병'으로 여겨 치료를 위해 집까지 팔았다. 어린이집을 보내는 일도 쉽지 않았다. 시(市)의 경계를 넘어 다른 지역까지 아이를 받아줄 어린이집을 찾아봐야 했고, 복지관, 사설 치료실 등 재활시설을 한 번 가려 해도 수년을 기다렸다. 이런 기관과 병원, 학교로 아들을 데려가고 데려오는 일은 모두 중연 씨의 몫이었다.

　차마 글로 다 표현할 수 없는 세월이 지나 그의 아이는 성인, 즉 어른이 된다. 중연 씨는 아이가 어른이 되는 일이 두렵다고 말했다. 학령기에는 학교에 가거나 체험학습 등으로 시간을 보낼 수 있었다. 그러나 성인이 되면 제도권 서비스가 대부분 종료되면서 365일 집에서 보내야 한다. 중연 씨는 "전체 발달장애 인구수 대비 고등학교 이후에 돌봄이나 직업교육을 받을 수 있는 사람은 10% 정도뿐이에요. 나머지 90%는 스무 살부터 그냥 집에만 있어야 하는 상황"이라고 말했다. 그의 한탄은 여러 수치로도 증명된다. 국내 성인 발달장애인의 숫자는 18만 명. 만 18세 이상 65세 미만의 성인 발달장애인 대상 주간활동서비스는 2022년 보건복지부 예산 기준 대상자가 1만 명에 불과하다.

당장 올해 수능이 끝나면 중연 씨의 아이는 갈 곳이 없다. 지역 주간보호센터를 알아봤지만 무려 5년을 대기해야 한다는 이야기를 들었다. 그는 "아들이 등교하는 뒷모습을 보면서 '수능일까지만 학교에 가고 이후로는 함께 동네 공원 다니면서 쓰레기라도 줍자'라는 생각을 했다"라고 전했다. 그러면서 "지금도 동네에서 저와 아이는 눈에 띄는 사람들인데 저 큰 아이를 데리고 공원에서 휴지를 줍고 있으면 더 눈에 띄겠다 싶어 막막하더라"라고 덧붙였다.

발달장애인에 대한 돌봄이 오직 가족에게 내맡겨진 현실에서 발달장애인 부모는 "자녀보다 하루라도 더 오래 사는 것"이라는 소원을 말하곤 한다. 발달장애 아이를 살해하고 부모가 그 뒤를 따르는 사건 역시 드물지 않다. 더불어민주당 강선우 의원실이 공개한 발달장애인 가족 4,333명을 대상으로 한 설문조사(2022년) 결과, 응답자의 59.8%가 "극단적 선택을 고민한 적이 있다'라고 답했다. 4세 수준의 지적 장애인 아들을 둔 어머니 김선영 씨 역시 "만일 제가 아프고 아이아빠도 아픈 상황이 되면 혼자 남을 아이를 어떻게 해야 하나. 쟤를 누가 돌볼까. 상상만 해도 막 미치겠는 거예요. 아기 아빠에게 항상 하는 말이 우리도… 우리도…"라고 말을 잇지 못했다.

예고된 죽음을 그저 손 놓고 지켜보는 일은 죄다. 사람을 방조하여 자살하게 한 자는 징역에 처한다는 법이 있는데도 발달장애인과 가족의 죽음은 예외인 양 다루어진다. 평균 기대수명 100세 시대에 국내 자폐성 장애인의 평균 수명은 23.8세(2020년 기준)에 그쳤다. 장애 원인 질환의 영향도 있지만 자폐성 장애는 유일하게 자살이 사망 원인 1위다. 극단적 선택의 원인은 대부분 개인이 어찌할 수 없는 구조적 문제 탓이다.

단순히 '자녀가 발달장애를 가져서 죽었다'라는 사실에만 주목하고 안타까워한다면 살인은 반복될 수밖에 없다. 구체적으로 발달장애 자녀의 양육에 어떤 어려움이 있었고 어떤 지원이 있었다면 사건이 일어나지 않았을지 면밀히 살펴야 재발 방지가 가능하다. 현실은 어떤가. 정부는 2023년 장애인 예산이 13% 늘었다고 밝혔지만 여전히 OECD 회원국 중 최하위권이다. 우리나라 국내총생산(GDP) 대비 장애인 복지 지출 규모는 0.61%(2018년 기준)에 그친다. 국가는 고작 0.6%를 책임지고 나머지 99.4%는 가족이 짊어지는 현실을 방조가 아니라면 어떤 단어로 표현할 수 있을까. 사회 역시 이들의 죽음에 공범이다.

"약자에 대한 환상을 깨는 것,

거기서부터 동정 아닌 진정한 연대가 가능해진다."

3부

그렇게
차별이

하고
싶으세요?

「흑인 인어공주」가 필요해

굽이치는 길고 풍성한 금발 머리카락을 탑 아래로 늘어뜨리고 백마 탄 왕자를 기다리던 '라푼젤'은 내가 제일 좋아하던 동화 속 인물이었다. 백설공주, 인어공주, 잠자는 숲 속의 공주 등 다른 유명 동화 속 인물과 비교하자면 공주도 아니다. 게다가 마녀의 탑에 갇힌 채 지내는 삶은 그리 흥미진진해 보이지 않았다. 그의 머리카락을 밧줄 삼아 높은 탑을 오른다는 설정은 또 어떤가. 상상만으로도 두피가 지끈지끈 아파오는 듯했다.

그럼에도 불구하고 라푼젤을 '최애' 캐릭터로 꼽게 된 이유는 그가 탑에 갇히게 된 과정 때문이다. 라푼젤의 엄마는 임신 중 마녀의 텃밭에서 자라는 크고 아삭아삭한 양배추가 먹고 싶어 며칠을 괴로워한다. 결국 양배추를 몰래 훔치다가 걸린 라푼젤의 아빠에게 마녀는 "아이가 태어나면 내가 데려갈 것"이라고 위협한다. 라푼젤은 태어나자마자 마녀의 탑에 갇힌다.

우리 아빠 역시 내가 뱃속에 있던 때 비슷한 일을 했다. 옆집 마당에 청포도가 덩굴째 달려 있었는데 그것을 먹고 싶어 하던 엄마를 위해 몰래 따온 것이다. 채 익지도 않은 시큼한 청포도였는데 게 눈 감추듯 먹었다는 엄마의 이야기에 어쩐지 라푼젤 속 양배추 절도 사건이 떠올랐다. 그때부터였다, 라푼젤 이야기가 좋아진 것은.

남들이 보기엔 아무것도 아닌 사소한 연결고리가 단단한 유대의 토대가 되기도 한다. 원래 사람들은 대부분 별거 아닌 이유로 누군가를 좋아하게 되지 않나. 나에게 라푼젤도 마찬가지였다. 타인이 들으면 '양배추가 뭐' 할 정도의 이야기지만 내게는 공주도 아닌(어린 시절엔 이 점이 꽤 중요했다) 금발 여자아이에게 감정을 이입하게 만드는 요소였다.

디즈니에서 인어공주 이야기를 실사영화로 만들면서 주

인공인 에리얼 역할에 흑인을 캐스팅했다. 그 소식에 미국 현지뿐 아니라 우리나라까지 시끄러웠다. 인종 다양성과 성 역할 고정관념을 타파한다는 정치적 올바름[*]이 과도하다는 의견이 넘쳐났다. 덴마크 출신의 빨간머리 백인이었던 인어공주 역할을 흑인이 맡음으로써 원작 팬의 '동심'이 파괴됐다는 주장이었다.

온라인에서는 "#내에리얼이아니다(#NotMyAriel)"라는 해시태그가 수천 건 게시됐다. 원작인 한스 크리스티안 안데르센 동화판의 묘사를 들어 인어공주가 심해와도 같은 벽안, 귀엽고 예쁜 하얀 다리, 장미 꽃잎 같이 부드러운 피부를 가진 인물이라면서 미스 캐스팅의 근거를 조목조목 대기도 했다. 한국에서도 반발이 만만치 않았다. 차마 옮기고 싶지 않지만 흑인의 피부색에 빗대 인어공주가 아니라 생선구이 공주라고 조롱하는 댓글이 많은 공감을 얻었을 정도다.

1800년대에 살았던 안데르센의 기준에 '사람'은 오직 백인뿐이었다. 당시 벨기에는 아프리카를 침략, 식민지로 삼아 수탈과 학살을 자행했고 미국에서는 흑인 노예제가 있었

---

[*] Political Correctness, PC주의

다. 이런 시기에 살았던 안데르센의 동화 속 주인공은 모두 백인일 수밖에 없었다. 그러나 지금은 백인뿐 아니라 흑인, 황인 등 다양한 인종이 모두 동등한 인권을 갖는다. 이런 사회 분위기에서 새로 만들어지는 고전동화 콘텐츠 속 인물들이 굳이 백인이어야 할 이유는 없다. 인어공주 캐스팅 논란에 대응한 디즈니의 반박대로 "덴마크인이 흑인일 수 있듯 덴마크 출신 인어도 흑인일 수 있는" 시대가 왔다.

일각에서는 억지 PC주의가 지겹다지만 실익을 따져봐도 이익이 명확하다. 흑인 인어공주는 전 세계 흑인 어린아이의 롤 모델이 될 것이다. 왕자의 구원을 받는 공주라는 가부장적 서사의 옳고 그름을 떠나서라도. 그간 백인만이 될 수 있었던 공주의 자리에 흑인 역시 오를 수 있다는 사실을 알려주고 자부심을 갖게 해줄 것이다. 손해를 굳이 찾자면 원작을 파괴했다는 '내기분상해죄'일까. 이 외에는 딱히 명시적인 손해가 발생하지 않는다. 내기분상해죄 역시 원작의 전복이 불편하다면 그 콘텐츠를 보지 않으면 그만이다.

2021년 개봉한 디즈니 애니메이션 〈엔칸토〉 덕에 남미 어린이들이 행복해한다는 소식이 들려온다. 콜롬비아 문화를 배경으로 한 〈엔칸토〉는 등장인물 역시 모두 라틴계다. 얼굴을 가리는 큰 안경을 쓴 둥글고 통통한 얼굴, 갈색 피부, 사방으로 뻗친 곱슬곱슬한 머리를 한 엔칸토. 등장인물을 가리키며 "나와 닮았다"라고 말하는 그들의 눈은 하나같이 기쁨으로 반짝거렸다. 나 역시 사소한 연결고리가 있다는 사실 하나만으로 라푼젤을 좋아하게 됐는데, 자신과 닮은 외모의 캐릭터를 어떻게 사랑하지 않을 수 있을까.

마지막으로 고백하자면 솔직히 '가장 되고 싶었던' 동화 속 인물은 백설공주였다. 눈처럼 흰 피부를 가진 탓에 왕비의 질투를 사서 쫓겨나는 백설공주는 아시아인 여자아이가 '나와 닮았다'라고 우기기에는 한계가 있었다. 그뿐인가. 하얀 피부를 선망하는 데도 적지 않은 영향을 미쳤다. 학교에서 얼굴이 하얀 여자아이의 별명은 어김없이 백설공주였고 은연중에 부러움을 샀다. 흰 피부를 갖고 싶어 무작정 밝은 호수의 비비크림을 덕지덕지 발라 새하얀 얼굴과 그렇지 못한 목 색깔의 부조화를 자랑하던 청소년기를 보냈다. 햇빛이 쨍쨍한 날엔 혹여 피부가 탈까 봐 그늘진 곳만 찾아 걸었을 정도로 하얀 피부를 향한 나의 선망과 집착은 어마어마했다.

디즈니는 PC주의를 비판하는 목소리에 아랑곳 않고 인어공주에 이어 백설공주 실사영화 주인공 역할에 라틴계 여성 배우를 섭외했다. 어김없이 "피부톤이 어울리지 않는다", "백설공주 역할을 하려면 화장 열심히 해야겠다"라는 조롱 섞인 반응이 쏟아졌지만 배우는 당당했다. 백설공주를 연기할 콜롬비아계 미국인 배우 레이첼 지글러는 자신의 SNS에 이렇게 썼다. "그렇다. 나는 백설공주가 맞다. 하지만 역할을 위해 내 피부를 표백하지는 않겠다."

그의 말에 남몰래 백설공주를 꿈꿨던 동양인 여자아이 하나가 얼마나 행복했는지는 말할 필요가 없다.

「정원 외」 존재들

"저는 중국인인데요⋯."

한시(漢詩)를 배우던 대학 강의 시간이었다. 돌아가면서 시를 읽고 뜻풀이를 하는 와중에 교수님이 중국인 유학생을 지목했다. 그는 머뭇거리다 기어들어가는 목소리로 이렇게 말했다. 엄한 편이라 호랑이로 소문나 있던 교수님의 두꺼운 안경테 너머 안광이 번뜩였다. 다른 강의에서는 유학생임을 밝히면 자연스레 열외가 되곤 했기에 이번에도 그러리라 여기고 시선을 돌린 순간이었다. 교수님의 불호령이 들렸다. "유학생이면 수업에 참여 안 해도 되나? 읽어 봐."

잠시 당황하던 중국인 유학생은 더듬더듬 한시를 읽어 내려갔다. 한국어라기보다는 중국어에 가깝게 들리는 낯선 발음에 한국인 학생들은 킥킥거리기 시작했다. 나 역시 별 생각 없이 따라 웃었다. 이번엔 꾸중이 한국인 학생들을 향했다. "수업에 열심히 참여하는 게 뭐가 우습다고 웃느냐"는 말에 얼굴이 화끈거렸다. 나의 웃음은 명백한 비웃음이었고 차별이었다.

대학을 다니면서 강의실에서 배웠던 지식은 시간이 지날수록 흐려졌지만 이날의 기억은 어제 일처럼 생생하다. 교수님은 다음 수업시간부터 늘 중국인 유학생을 지목했고 뒷자리에 앉아 수업을 듣는 둥 마는 둥 했던 그들은 예습도 해오며 적극적으로 참여하기 시작했다. "내가 그의 이름을 불러주었을 때 나에게로 와서 꽃이 되었다"라는 유명한 시의 한 구절이 눈앞에서 현실이 됐다. 국어국문학을 전공한 탓에 적지 않은 수의 중국인 유학생을 마주쳤지만 같은 공간에서 지내면서도 별다른 존재감이 없었던 이들이었다.

솔직히 이야기하자면 나와 '우리'는 그들을 좋아하지 않았다. 외국인 유학생은 정원 외라 선발 인원에도 제한이 없었다. 대학 본부가 중국인들을 지원만 하면 무조건 입학시

킨다는 소문이 파다했다. 재원, 즉 돈을 마련하기 위해서였다. 이런 소문을 떠나서 '그들'의 행동 역시 마음에 들지 않았다. 다른 나라에 유학까지 와놓고 수업 시간에 잠을 자거나 딴짓을 했고 모국어로 떠들며 자기들끼리만 몰려다녔다. 조별 발표가 있는 수업에서 중국인 유학생과 같은 조가 되면 '꽝'이 걸렸다고 드러내놓고 불평할 정도였다.

그날 교수님의 불호령은 선 밖으로 상대를 밀어낸 것이 누구였는지를 고민해 보게 했다. 같은 과 소속이지만 그들과 우리 사이에는 분명한 경계가 있었다. 수업 시간마다 마주치고 출석도 부르기에 서로의 얼굴과 이름을 알고 있었지만 말 한 번 섞지 않았다. 학기 초, 하루가 멀다 하고 열리는 환영회니 엠티니 하는 과 행사 때 중국인 유학생을 부르는 일도 없었다. 행사가 열린다는 사실을 알려야 한다는 생각조차 들지 않을 정도로 중국인 유학생은 말 그대로 '정원 외'였다. 아웃사이더인 그들은 개인이 아니라 집단으로만 존재했다. 유학생을 바라보는 시선에는 아무런 기대가 담겨 있지 않은 것 같으면서도 가장 엄격했다. 한 사람의 일탈은 전체의 잘못이었고, 적극적으로 학교생활을 하려는 유학생은 '별종'으로 여겼다.

영화 〈프랜치 디스패치〉에는 경찰서에서 일하는 전설적인 동양인 셰프 네스카피에 경위가 등장한다. 목숨을 걸고 임무에 임한 그는 말한다. "저는 외국인이니까요. 다른 이들을 실망시키고 싶지 않았어요." 네스카피에 경위 역을 맡은 한국계 미국인 배우 스티브 박은 영화 개봉 이후 〈씨네21〉과의 인터뷰에서 "네스카피에는 누구도 실망시키지 않는 좋은 사람이 되고 싶어 했다. 그가 왜 그랬을지 생각하며 이민자로, 아웃사이더로 살아간다는 의미를 되새겼다"라고 설명했다. 낯선 도시까지 유학을 와서 차라리 말이 통하는 사람들과 어울리는 삶을 택하기까지, 늘 무뚝뚝해 보였던 유학생들의 표정 너머에 있었을 외로움을 이제야 짐작해 본다.

「전라디언」과 사투리

전라도가 고향인 친구가 있다. 그는 만난 지 얼마 되지 않았을 때 고향을 밝히면서 스스로를 '전라디언'이라고 소개했다. 캐나다 사람들을 캐나디언이라고 부르는 것을 알고 있었기에 전라도 지역 출신이라는 점을 재치 있게 표현하는 언어유희라고 생각했다. 이 표현이 '일간베스트(일베)'에서 온 멸칭이라는 사실은 제법 시간이 흐르고서 알았다. 하마터면 전라도에서 온 친구들에게 농담이랍시고 전라디언 운운할 뻔했다는 점을 떠올리면 등골이 서늘해진다.

또 다른 친구는 광주에서 왔는데 사투리를 전혀 쓰지 않았다. 자라면서 사투리를 접해보지 못한 내게는 자신의 출신을 드러내는 언어가 매력적이었다. 사투리를 쓰는 인물이 등장하는 드라마 〈응답하라〉 시리즈가 인기를 끌고 이를 자신의 캐릭터로 삼는 방송인이 많아질 때라 친구에게 왜 사투리를 사용하지 않느냐고 물었다. 그는 당연하다는 듯 말했다. "사투리도 사투리 나름이지. 전라도 사투리는 좀….."

지역 차별은 구시대의 유물이라고 여겼다. 이 좁은 한반도, 거기에서도 반으로 뚝 잘린 남한이다. 그런 곳에서 태어난 지역을 두고 이러니저러니하는 사람들은 시대에 뒤처진 사람들이다. 자연스레 우리 세대에는 지역 차별이 없어지리라고 낙관했다.

지역 차별에 무지했던 제3자의 낙관은 일베의 등장으로 산산이 부서졌다. 2010년, 극우를 표방하며 등장한 이 온라인 사이트는 온갖 소수자 혐오를 죽창처럼 휘둘렀다. 사라지리라 여겼던 지역 차별의 민낯을 이들로 인해 목격하게 됐다. 물론 일베는 하나의 상징일 뿐 이들이 완전히 없어져가던 지역 차별을 되살린 건 아니다. 지역 차별은 단 한 번도 사라진 적이 없었다. "전라도 사람들은 실제로 보면 뿔이 나 있는 줄 알았다"라는 농담을 무대에 선 연예인이 공공연하게 하는, 과거가 아닌 현재의 문제다. 그간 관심을 두지 않았기에 몰랐을 뿐이었다.

지역 차별이라는 표현도 현실과는 거리가 멀다. 정확히는 '호남 차별'이다. 내게도 강원도가 고향이라는 사실을 밝히면 "감자 좋아하겠네"라거나 "인터넷은 되나"라고 조롱 섞인 질문을 던지는 이들이 종종 있다. 하지만 호남 차별과는 결이 다르다. 호남 차별은 개인의 일탈이 아니라 전 사회적으로 당연하게 행해진다.

드라마나 영화 속에서 조폭이나 범죄자 같은 악역이나 상대적으로 '못 배운' 인물은 전라도 사투리를 썼다. 유구한 역사다. 무려 1971년에 방영된 MBC 드라마 〈수사반장〉에서도 범인들은 대부분 전라도 사투리를 구사했다. 이런 상황이 바뀌기는커녕 고착화되자 전라남도는 2010년, 한국방송작가협회 등에 "전라도 사투리를 바로 써달라"는 건의문을 보냈다. "사투리는 지역의 넋이 밴 정서와 문화이자 뼈와 살이다. 그런데도 영화, 방송 드라마에서 전라도 사투리가 사람을 비하하는 수단으로 자주 악용되고 있다"라는 내용이다.

노골적인 차별 행위는 또 어떠한가. 경기도의 한 편의점은 "주민등록번호 뒷자리 숫자가 전라북도, 전라남도 출생지역

코드면 채용이 어렵다"라는 아르바이트 채용공고를 냈다. 지원 불가 요건으로 '외국인'과 '전라도가 본적인 사람'을 포함한 자동차 회사 협력업체도 있다. 어느 생활용품 기업 회장은 호남 출신은 뽑지 말라고 지시할뿐더러 근무 중인 직원들까지 쫓아내려고 했다. 해당 기업에서 일했던 직원은 "본인뿐 아니라 부모님이나 할아버지가 전라도 출신이어도 뽑지 않는다"라는 증언을 했다. 이것은 공공장소에서 유대인의 출입을 금지했던 나치 독일이나 1950년대 인종 분리 정책으로 철저하게 흑인과 백인을 나눴던 미국과 근본적으로 차이가 없다.

차별이 오래되어 하나의 현상으로 굳어버리면 '피해의식'이라는 단어로 이를 축소하려는 시도가 일어난다. 최근에는 지역 차별 '피해'를 가로채기까지 한다. 2021년 코로나19 백신 접종이 막 시작됐을 무렵 한 언론사는 "마스크 벗는 날 기대합니다' 호남권 화이자 백신 첫 접종"이라는 제목의 기사를 냈다. 이 기사에는 전라도민만 화이자 백신을 맞고 경상도민은 아스트라제네카를 접종한다는 댓글이 달리기 시작했다. 유언비어는 일파만파 퍼졌다. 아스트라제네카보다 안정성이 뛰어난 화이자 백신이 호남지역에 우선 제공되는 특혜를 받고 있다는 이야기였다. 당연히 사실이 아니었다. 호남지역 첫 화이자 접종이 있던 날 부산 의료진이 같은 백신을 맞았다. 심지어 서울은 한 달 먼저 화이자 접종이 이뤄졌다. 호남 차별이 '지나치게' 부각되어 오히려 다른 지역이 역차별을 당한다는 어디서 본 듯한 익숙한 논리다.

정치권에서도 표를 위해 지역주의를 자극한다. 영남 지역 정치인들은 선거철마다 '소외론', '홀대론'을 꺼내 들고 표심을 자극한다. 심지어 대통령 후보들조차 영남이 역차별을 당하고 있다고 공공연히 말하곤 한다. 과거 군사독재 정권이 영남과 호남을 나눠 의도적으로 차별했으면서 정작 피해자가 됐던 호남의 과거는 희석한다.

'전라디언'이라는 차별적 단어를 자신을 소개하는 말로 썼던, 이제 막 스무 살이 되어 낯선 도시로 상경했던 친구의 심정을 가늠해 본다. 친구는 분명 자신의 고향을 향한 곱지 않은 시선을 알고 있었다. 누구보다도 신경이 쓰였을 테다. 편견에 "옳지 않다"라고 항의하는 대신 우스갯소리로 피해자성을 희석시키려던 절박함에는 차마 "몰랐다"라는 변명을 뒤늦게 꺼내기조차 염치없어진다.

"저는 트랜스젠더 남성이자 바이젠더(Bigender), 팬로맨틱(Panromantic), 에이섹슈얼(Asexual)이라는 정체성을 가진 아이의 엄마 '나비'입니다."

2021년 11월 개봉한 다큐멘터리 영화 〈너에게 가는 길〉 관객과의 대화(GV) 행사에서 주연배우 나비(정은애) 씨는 자신을 이렇게 소개했다. 조금도 머뭇거리지 않고 아이의 성적 지향과 정체성을 줄줄이 읊는 나비 씨와 달리 머릿속이 금세 복잡해졌다. 바이젠더는 남성과 여성의 성별 정체성을 동시에 가진 사람이고 팬로맨틱은 모든 젠더에게 정서적으로 끌릴 수 있는 성향을 가리킨다. 에이섹슈얼은 무성애(無性愛)를 뜻한다고 했다.

영화는 복잡한 젠더의 세계에 뛰어든 성소수자 부모모임 소속 두 엄마 '나비'와 '비비안(강선화)' 씨, 또 그의 아이들 이야기를 다룬다. 얼마 전 해당 단체의 도움을 받아 트랜스젠더 기획 기사를 쓴 적이 있었다. 기사를 위해 만났던 인터뷰이에게는 항상 마음의 빚이 있다. 영화 개봉 소식에 꼭 봐야지, 다짐하다가 GV를 한다기에 한걸음에 달려갔다. 성소수자와 그를 둘러싼 세계로 걸어가는 사이, 가족 역시 새로운 정체성과 삶을 얻는 과정을 보면서 찔끔 눈물이 났다.

소방 공무원인 나비 씨는 한국 사회의 시선으로 바라보면 굉장히 독특한 엄마다. 어려서부터 여자 친구들에게 관심을 보이던 자신의 아이 한결 씨를 두고 레즈비언이 아닐까 짐작했다. 자신은 레즈비언이 아니라 트랜스젠더이며 수술을 하고 싶다는 말에도 쿨하기 그지없다. "그럼 해야지"라는 답이 전부다. 무엇보다 놀라웠던 장면은 트랜스젠더 학생의 숙명여대 입학을 둘러싼 논란에 힘들어하는 한결 씨를 대하는 모습이었다. 자살 충동을 느끼는 아이 곁에서 '그래도 살아달라'고 당부하는 대신 존엄사를 생각해 본다. 아이가 죽음을 결심한다면 떠나는 길이 외롭지 않게 함께 스위스로 가겠다는 것이다.

그간 언론이나 대중에 비춰진 성소수자와 가족의 모습에는 깊은 갈등의 골이 패어 있었다. 가족들은 성소수자를 이해도 인정도 하지 않고, 카메라는 상처받은 그들의 불행을 쫓는다. 이런 콘텐츠를 구태의연하다고 말할 순 없다. 그만큼 현실에서 이들은 상처받고 또 외면받는다. 머리를 박박 밀어 집에서 쫓아내거나 너 죽고 나 죽자며 두드려 패는 일만이 상처가 되진 않는다. 청년 성소수자가 가족으로부터 겪은 차별 중 가장 많은 경험은 "성소수자라는 사실을 알고도 모른 체했다"라는 것이었다[*].

어렵게 결심하고 휴가를 내어 고향을 방문, 가족에게 성적 지향을 털어놓은 친구도 이와 비슷한 반응을 받았다고 했다. 부모님은 적잖은 충격을 받은 듯했지만 별다른 말을 하지 않았다. 휴가가 끝날 때까지 친구의 커밍아웃이 화제에 오르는 일은 없었다. '내가 꿈을 꿨나' 싶어 어안이 벙벙했을 정도라고 했다. 다시 한 번 말하기엔 차마 용기가 나지 않아

---

[*] 〈청년 성소수자 사회적 욕구 및 실태조사 결과〉, 2021

그대로 돌아왔고 얼마 후 엄마로부터 결혼을 재촉하는 전화를 받았다. "나 여자 좋아한다니까?"라고 말하자 모친은 "악"하고 외마디 비명을 지르곤 전화를 끊어버렸다면서 친구는 허탈하게 웃었다. 이후로도 엄마로부터 안부를 묻는 전화가 오지만 그 얘기만은 가족 사이에서 여전히 금기라고 했다. 친구는 "옛날 분들이라 받아들이기 힘들어할 건 알았지만 아예 문을 닫아버릴 줄은 몰랐지"라면서 씁쓸한 기색을 감추지 않았다.

이날 GV에서도 "자신의 부모는 이렇지 않다"라면서 슬픔을 토로하는 성소수자 청년들이 있었다. 다행스럽게도 나비, 비비안 씨의 존재는 이들에게도 위로가 되는 듯했다. 가족에게 커밍아웃을 하기가 두렵다는 관객에게 나비 씨는 거침없이 답했다. "가정의 평안을 깼다고 너무 미안해하지 마세요. 내 존재가 부서지는 것보다 부모의 평안을 깨는 게 낫죠. (커밍아웃 이후에) 자식을 버릴 것 같다면 버림받기 전에 부모를 먼저 버리는 것도 괜찮아요." 영화 속에서도 그는 비슷한 말을 했다. 부모를 '영양제'에 빗대 영양제 없이도 나무는 자랄 수 있다고 했다. 오히려 홀로 뿌리를 내리면 더 튼튼하고 단단하게 자랄 수 있다고.

성소수자를 '어디에나 있지만 어디에도 없는 사람들'이라고 한다. 분명히 존재하건만 가족에게조차 자신의 존재를 드러낼 수 없는 사람들. 성소수자가 아닌 이들은 자신의 곁에는 '그런' 사람이 없다고 쉽게 말하곤 한다. 박상영 작가는 소설 『대도시의 사랑법』에서 "성소수자들이 정말로 소수일 것이라 생각하는 사람들의 순진함에 놀란다"라고 썼다. 여러 연구에서 인구의 5~10%는 성소수자일 수 있다고 추정한다. 10명 중에 1명. 결코 적지 않은 숫자다. 나비 씨는 여기에 대해서도 명쾌한 답을 내놨다. "주변에 성소수자가 한 명도 없다는 것은 네가 그만큼 신뢰할 만한 사람이 아닌 거야."

차별론자들은 쉽게 말한다. "성소수자를 차별하지 않으니 눈에 띄지 말고 조용히 살라"고. 존재 자체를 지우는 일이 다른 폭력 못지않은 상처를 남긴다는 사실은 외면하면서. 영화 〈너에게 가는 길〉 개봉 전, 성소수자 부모모임은 국회의원 전원과 각 당의 대선주자*에게 손편지와 시사회 초청장을 보냈다고 했다. 답변은 당연히 없었다. 아니, 있긴 했다. 며칠 후 주요 당의 대선후보는 차별금지법이 '동성애 합법

---

* 2022년 당시

화'를 조장한다는 망언을 내놨다. 주변에 성소수자가 없기에 이런 무지한 발언을 당당하게 할 수 있는 걸까. 그렇다면 애먼 성소수자를 붙잡고 늘어지기 전에 '그만큼 신뢰할 사람이 아닌' 본인의 삶을 한 번 되돌아보기를 권하고 싶다. 도대체 동성애 합법이 뭐가 문제인가. 차별이 문제지.

창문이라는 혁명

대학 입학으로 고향을 떠나 지내게 된 곳은 학교 인근의 여성 전용 고시원이었다. 창문 없는 가장 작은 쪽방인데도 월세는 보증금 없이 45만 원. 여성들만 살고 있다는 이유로 다른 고시원보다 5만 원가량이 비쌌다. 바라던 서울로 온 사실이 마냥 기뻐 거처에 별다른 불만은 없었다. 그러나 딸이 사는 곳을 보겠다며 찾아온 엄마는 생각이 달랐다. 엄마는 기함을 하며 당장 창문과 화장실이 딸린 고시원에서 가장 좋은 방으로 옮길 것을 지시했다. 그 방 월세는 55만 원. 창문 없는 방과는 10만 원 차이었다. '10만 원의 힘'은 적지 않았다. 시계를 보지 않으면 몇 시인지 알 수 없던 먹방(창문 없는 방)과 달리 창문으로 들어오는 햇살을 맞으며 개운하게 아침을 시작할 수 있었다. 그 점만으로도 하루는 확실히 달라졌다.

"호르몬 주사를 2주에 한 번씩 맞으니까. 추가적으로 먹을 약 같은 거 있으면, 한 달로 치면 그래도 10만 원은 안 나오고요. 저를 기준으로 평균 5만 원 정도. 여러 가지 더 먹는 사람들은 더 많이 나오고. (중략) 그런 돈이 만만치 않죠. 지금 35만 원짜리 방에서 살지만 여기서 5만 원 늘리면 퀄리티는 더 올라가는데…."

잊고 있던 10여 년 전 고시원을 다시 떠올린 건 2021년 6월 열린 '성소수자, 주거권을 말하다' 토론회*에서의 증언 때문이었다. 30대 트랜스젠더 A씨는 가족과 떨어져 고시원에서 혼자 지내고 있다. 5만 원을 더 내면 창문 있는 방에서 살 수 있다. 하지만 매달 딱 그만큼의 비용을 들여 호르몬제를 투여받는다. 그에게는 양보하기 어렵고 결코 양보해서도 안 되는 자신의 정체성을 위한 돈이다.

---

* 성소수자주거권네트워크

그의 집(고시원을 집이라 불러도 된다면)을 상상해 봤다. 행정 규칙인 최저주거기준에서 정한 쾌적한 주거생활을 위한 최소 조건은 1인당 14m²(약 4평)이다. 하지만 서울에서 고시원이 가장 많은 관악구 기준 평균 고시원 면적은 약 7m²에 불과하다. 빛 한 점 들지 않는, 성인이 누우면 꽉 차는 1인용 매트리스와 붙박이 책상이 전부인 공간. 누군가는 "창문이 별거냐"라고 할 수도 있겠지만 경험해 보지 않아서 그렇다. 5만 원짜리 창문은 곰팡이와의 지난한 싸움과 제대로 마르지 않아 퀴퀴한 냄새가 나는 옷가지, 끝없는 우울과의 교환이다. 마치 관 같은 고시원에서는 가만히 누워 있는 것 외에는 할 수 있는 일이 없다. A씨 역시 비슷한 경험을 털어놨다. "계속 누워만 있어요, 누워 있고. 일자리 같은 것도 보려다가도 구직 사이트에 등록을 해놓으면 성별을 남자로 보니까."

토론회가 열리기 전 성소수자의 '주거권'이라는 단어를 처음 들었을 때는 바로 고개를 끄덕이기 어려웠다. 주거권의 정의는 '물리적·사회적 위험에서 벗어나 쾌적하고 안정적인 주거환경에서 인간다운 주거생활을 할 권리[*]'이다. 적

---

[*] 주거기본법

절한 주거생활을 누릴 권리는 세계인권선언에도 명시되어 있고 우리 헌법에서도 근거를 찾을 수 있다. 그러나 현실에서 권리라는 단어는 무력하다. 특히 사회적 소수자의 경우 그들의 권리는 쉽게 뒤로 밀리곤 한다. 존재를 사회적으로 인정받는 것만으로도 고군분투를 겪기 때문이다. 그러니 주거권은 그 이후의 논의가 되어야 하지 않나.

주거는 나중이 아닌 오늘, 지금 여기의 일이다. 누구에게나 '자기만의 방'이 필요하지만 성소수자에게는 보다 절실하다. 소지품부터 편지, 일기 등 자신의 정체성과 관련된 모든 것을 꽁꽁 감추어야 하는 곳, 연인과의 통화도 마음 편히 할 수 없는 공간을 '스위트 홈'이라고 부를 수 있을까. 또 다른 트랜스 여성 B씨는 독립 이후에야 "내가 안전할 수 있는 공간이 생겼다"라고 느꼈다고 한다.

그의 이야기는 가족으로부터 독립한 만 19세 이상 949명의 성소수자에게 '주거환경'을 물은[*] 이유를 보여준다. 설문조사 응답에 따르면 성소수자들이 사는 가장 흔한 집은 이렇다. 6평 이상 10평 미만(32.6%)의 원룸(36.5%), 월세 보증

---

* 성소수자주거권네트워크, 2020.12.~2021.01.

금은 500만 원 미만(35.3%)으로 월세는 30~50만 원(46.3%)이었다. 고작 방 한 칸만이 이들에게 허락된 셈이다. 그중에서도 트랜스젠더의 주거환경이 가장 열악했다. 이들은 남성의 공간으로도, 그렇다고 여성의 공간으로도 갈 수 없었다. "(집)계약 진행 중 계약서엔 남자로 되어 있었지만 보이는 모습은 여자라 트랜스젠더인 걸 알아차리셨고 계약이 파기된 경험이 1회 있음"이라거나 "MTF* 트랜스젠더인데 주거 계약 시 계약서에 적어야 하는 주민등록번호 탓에 아웃팅 됐다"라는 응답은 이들이 겪는 어려움을 그대로 드러낸다.

편견과 차별은 성소수자의 주거환경을 막다른 곳으로 밀어 넣는다. 트랜스젠더의 경우 성확정 수술을 하지 않으면 법적 성별 정정은 꿈꿀 수 없는 처지이다. 이는 자연스레 구직의 어려움으로 이어진다. 직업학교 등 국가에서 지원하는 구직 프로그램에 참가하는 일도 쉽지 않다. 보건증이 필요한 음식점 아르바이트 등에도 감히 지원할 엄두를 내지 못한다. 관련 조사를 진행한 김민수 서울시립대 도시사회학과 박사는 "성확정 수술, 그리고 법적 성별 정정을 마치기 전까

---

* Male to Female

지 트랜스젠더의 적절한 주거공간은 계속 유예되고 있다"라고 지적했다.

트랜스젠더만의 일은 아니다. (동성 부부들은) 연인과 살 집을 구하면서도 자매나 형제, 친구라고 거짓말을 해야 하는 처지이다. 신혼부부 전세자금대출 같은 지원은 그림의 떡이다. 가까스로 구한 공간이 혐오에 침범당하기도 한다. 코로나19 상황에 이태원 클럽에서 감염이 확산됐을 때였다. 성소수자 남성 C씨가 사는 아파트 단체 카톡방에서는 혐오 발언이 이어졌다. 그가 "그렇게 얘기하지 말아줬으면 좋겠다"라고 말리자 "너 게이냐"는 반응이 돌아왔다. 열댓 명의 이웃이 욕설과 차별 발언을 쏟아냈고 위축된 C 씨는 자동차에 전시해 두었던 무지개색 깃발을 치웠다. 무지개색 깃발은 '성소수자의 자긍심'을 상징한다. 가장 편안해야 할 장소인 집에서조차 자유로울 수 없었던 셈이다.

"당신이 앉아 있는 방의 형태와 천장의 높이, 형태, 색상을 살펴보길 바란다. 벽의 질감, 구조, 바닥 표면의 부드러움 또는 딱딱함은 어떤지 생각해 보라. (중략) 이 모든 요소가 당신에게 영향을 준다. 이들은 당신이 인식한 방식, 그리고 당신이 생각조차 하지 못한 방식으로 행복과 건강에 영향을 미친다."

   미국의 건축평론가 세라 W. 골드 헤이건은 저서 『공간혁명』에서 주거 공간의 의미를 설명했다. 공간을 바꾸는 것만으로 삶까지 바꿀 수 있다면서 이렇게 덧붙인다. "우리 앞에는 세상을 더 좋은 장소로 만들 수 있는 무궁무진한 기회가 펼쳐져 있다"라고. 성소수자의 주거권 논의가 이제 막 시작됐다. 불안정한 이들의 상황을 어떻게 개선할 것인가. 세상을 더 좋은 장소로 만들 수 있는 무궁무진한 기회는 여기에서부터 시작된다.

저기압일 땐 고기 앞으로

100가지 음식의 온실가스 배출량을 정리해 '한 끼 밥상 탄소계산기'를 만들어 기사로 내보냈던 후배는 예상치 못한 반응에 깜짝 놀랐다. 기사는 예를 들면, 불고기 덮밥의 소고기를 120g에서 60g으로 줄이는 대신 두부를 60g 넣으면 휘발유 차 10km를 덜 탄 만큼의 온실가스를 감축한 효과라는 내용이었다. 대규모 공장식 축산 탓에 온실가스 배출원으로 지목되는 고기를 줄이면 그만큼의 온실가스를 줄일 수 있다는 당연한 말이다. 후배는 내가 먹는 음식이 얼마큼의 온실가스를 배출하는지 알아보고, 고기 소비량을 줄이는 방식으로도 기후 위기를 완화할 수 있다고 썼다.

당연한 이야기에 돌아온 건 무시무시한 공격이었다. 같지도 않은 기사를 올리는 데 사용되는 온실가스나 계산해 보라는 글이 '베스트 댓글'이 됐다. 뜬금없이 중국을 언급하는 댓글도 적지 않았다. 중국에서 배출하는 미세먼지와 온실가스는 가만히 두고 왜 엄한 우리에게 환경 타령을 하느냐는 시비였다. 후배는 이런 반응을 이해할 수 없다고 했지만 채식주의자에 대한 기사를 써봤던 나는 이런 혐오를 알고 있어 놀랍지 않았다. 채식의 '채'만 나와도 온라인에선 난리가 난다는 사실을. 그때도 댓글은 인터뷰에 응한 채식주의자들을 조롱하고 비난하는 반응들로 넘쳐났다. 미안한 마음에 취재원에게 연락해 사과의 뜻을 밝히자 그는 담담하게 "예상했던 일"이라고 했다. 한국 사회에서 채식을 한다는 건 육식을 하지 않겠다고 스스로 마음먹는 일 외에 바깥의 적과도 끊임없이 싸워야 한다.

온라인에서만 볼 수 있는 독특한 현상은 아니다. 주변 지인이 자신이 채식주의자 임을 밝혔을 때, 다른 사람들이 고슴도치마냥 가시를 세우는 것을 보았다. 사람들은 누군가가 '채식주의자'라는 사실 자체를 채식주의자가 아닌 자신에 대한 공격으로 받아들이는 듯했다. "사실 축산업은 전체 온실가스 배출량의 일부일 뿐"이라는 반박이나 "식물도 고통을 느낀다", "개인이 고기 안 먹는다고 도움 안 된다" 등의 비아냥을 빌린 자기방어가 튀어나왔다. 채식을 선언한 연예인이 쏟아지는 공격에 해명을 하는 일도 있었다. 그는 "육식을 반대하지 않는다. 육식하는 사람도 나쁘다 생각하지 않는다"라면서 "다만 공장식 사육을 반대할 뿐"이라고 덧붙였다.

이런 해명에도 비판은 이어졌다. 만화가 조경규는 『돼지고기 동동』에서 육식은 무조건 나쁘다는 의견은 옳지 않다고 했다. 그러면서 "채식주의자들은 지구의 생태계를 위해 대단한 일을 하고 있다고 착각하고 있다"라고 등장인물의 입을 빌려 말했다. 이 장면에서는 위에서 언급한 연예인을 떠올리게 하는 인물이 그려지기도 했다. 이어 작품 후기에서도 "채식을 하는 것이 환경과 인류를 위한 것이라고 말하는 것은 고기를 맛있게 많이 먹는 사람들이 자연에 해를 끼친다고 말하는 것"이라고 밝혔다. 조 작가는 다른 인터뷰에서 『돼지고기 동동』을 두고 "채식이 개인의 선택이듯, 고기를 좋아하는 사람들이 죄책감 갖지 말고 좀 더 마음 편하고 즐겁게 먹자는 의미"라고 설명했다. 굉장히 솔직한 고백이다. 채식주의자를 불편해하는 이들의 마음 역시 크게 다르지 않을 것이다. "죄책감 없이 육식을 즐기고 싶다. 그러니 방해하지 말라."

그런 심정을 이해하지 못하는 건 아니다. 나 역시 식사 자리에서 누군가가 채식을 한다고 말하면 당혹스럽고 한편으로는 부끄러웠다. 그럴 의도는 없을지라도 어쩐지 "당신은 왜 채식을 하지 않나"라고 책망받는 기분이 들어서다. 채식주의자보다 윤리적으로 뒤떨어진 사람이 된 것 같아 상대방을 만나는 일 자체가 불편해지기도 했다. 그러다 깨달았다. 돈이 들거나 손해 보는 일도 아닌데 죄책감 좀 가지면 안 되나. 동물에겐 의식이 있고, 고기는 다른 동물을 죽여야만 먹을 수 있는 식재료임은 분명하다. 많은 동물을 한꺼번에 가두고 키우는 축산은 소고기 1kg당 25.5kg이 배출되는 온실가스는 차치하고라도 명백한 폭력이다. 자연 수명이 10년이 넘는 닭은 부리가 잘린 채 옴짝달싹할 수 없는 케이지에 갇혀 겨우 한 달을 살고 고기가 되어 식탁에 오른다. 밀집 사육되는 돼지는 스트레스로 다른 돼지의 꼬리를 물지 않도록 강제로 꼬리가 잘리는데 그 과정에서 마취도 이뤄지지 않는다. 항생제 과다 투여로 겨우 삶을 연명하던 동물들은 구제

역 등 전염병이 돌면 산 채로 땅에 묻힌다. 이미 도살된 고기를 맛있게 먹더라도 최소한 이런 과정에 흐린 눈은 말았으면 한다. 약육강식, 살기 위해 다른 동물을 죽이는 일이 자연의 섭리라기엔 이제 우리는 고기를 먹지 않아도 생존할 수 있다. 동물 배양 세포로 만든 배양육, 콩으로 만든 고기 등 대체육도 이미 시중에 나와 있다. 굳이 고기가 아니더라도 영양학적으로 이를 대신할 음식은 넘쳐난다. 자연법칙 운운하기엔 너무나 인공·인위적인 현대사회에 살고 있다. 그런데도 사회적으로 육식은 '유쾌한' 방식으로 장려된다. "기분이 저기압일 땐 고기 앞으로", "인생은 어차피 고기서 고기"라면서 '맛있는 고기'를 권유한다. 그 결과 1970년대 한 사람당 5kg이었던 연간 육류 섭취량은 2023년 55kg으로 폭증했다.[*] 생존을 위해 필요한 육류를 먹는 데서 벗어나 오히려 과잉섭취로 인한 질병을 고민해야 하는 수준이 됐다.

이제와 고백하기엔 머쓱하지만 고기를 좋아한다. 어렸을 때부터 햄이나 계란이 없으면 깨작거리다 젓가락을 내려놓을 정도로 편식을 했다. 한순간에 완벽한 채식주의자로 거

---

[*] 〈삼겹살랩소디〉, KBS1

듭나는 일은 불가능하지만 육식을 과시하는 일이라도 그만
뒀다. 육즙이 흐르는 스테이크나 값비싼 한우를 먹을 때면
SNS에 올려 동네방네 자랑하고 싶지만 꾹 참는다. 남의 살
을 먹는 일에 최소한의 예의를 지켜야 한다는 생각에서다.
하루에 한 끼 정도는 고기를 먹지 않거나 줄이려고 한다. 한
끼 채식을 시도하고 나서야 매일 매 끼니마다 육식을 하고
있었다는 사실을 깨닫기도 했다. 그렇게 조금씩 자신을 위
해 남의 살을 먹는 경험을 줄이고 있다.

비건을 지향하는 '플렉시테리언*'이라 칭하기도 부끄러울
정도의 소소한 실천이 과연 세상에 영향을 끼칠까. 정답을
알 순 없겠지만 누군가의 소망을 조롱하고 비아냥대기보다
는 응원하는 사람이 되고 싶다. "한 명의 완벽한 채식주의자
보다 100명의 채식주의 지향이 더 의미 있다"라는 말이 주
저하던 내 등을 떠밀었듯이.

---

* 상황에 따라 육식을 하는 느슨한 채식주의자

차별이 하고 싶으세요?

의원님, 그렇게

"기자님, 꿀 먹은 벙어리는 관용적인 표현이잖아요. 그걸 장애인 차별이라고 받아들이시면 안 되죠."

한국 국회의원들의 반복되는 장애인 비하·차별 발언을 지적하는 기사를 썼다가 한 의원실 관계자로부터 받은 전화다. 해당 정치인은 정부를 비판하면서 '꿀 먹은 벙어리'라는 표현을 썼다. 이는 선천적 또는 후천적 요인으로 말을 하지 못하는 언어 장애인을 낮잡아 부르는 단어다. 기사에도 분명 설명이 들어갔건만 관계자는 연신 억울함을 토로했다. 속담으로도 흔히 쓰는 표현이고, 차별이나 비하를 하려던

게 아니기에 기사에서 의원이 언급된 부분을 삭제해 달라는 요구였다.

취재원이나 기사에 인용된 인물이 기사가 나간 이후 항의를 하는 일은 드물지 않다. 타당한 문제 제기일 때는 기사를 수정할 때도 있고, 더 큰 문제일 때는 기사를 내리거나 송사에 휘말리기도 한다. 최선을 다해 꼼꼼히 알아보고 썼더라도 미처 생각하지 못하거나 틀린 부분이 있을 수 있다. 평소 이런 문제 제기는 적극적으로 받아들이는 편이었지만 이번만은 그럴 수 없었다. 물론 상대방도 자의가 아니라 고용주인 의원의 지시였기에 곤란했을 수 있다. 하지만 이런 주장을 듣는 입장에서는 곤혹스러움을 넘어서 참담했다.

몰라서, 혹은 무의식적으로 차별 발언을 할 수는 있다. 나 역시 의식하지 못하는 사이 그런 말을 수차례 써왔다. 이 글에도 옳지 못한 표현이 있을 수 있다(독자 여러분, 발견하셨다면 부디 그냥 넘어가지 마시고 꼭 알려주세요). 그런데 해당 발언을 아예 "잘못되지 않았다"라고 반박하는데 무어라 대꾸하기가 어려웠다. 속절없이 듣고만 있다가 "흔히 쓰는 표현이라고 잘못되지 않은 건 아니니 그 요구는 받아들이기 어렵겠다"라면서 전화를 끊는 것이 고작이었다. 이 정치인의 인권 감수성이 유독 낮았던 걸까. 참담하게도 오히려 이 의원과 의원실 관계자는 자신의 발언을 꼬집는 기사가 '눈에 거슬리기'는 했으니 최소한의 양심은 있는 편이라고 볼 수 있다. 기사에 언급된 다른 의원들은 항의도, 해명도 하지 않았다. 그저 무시했고 이후로도 비슷한 망언을 꾸준히 내뱉고 있다.

"그런데 그런 신체장애인보다도 더 한심한 사람들은….."

2018년 12월, 당시 민주당 이해찬 대표는 다른 곳도 아닌 '전국장애인위원회 발대식'에서 이런 말을 꺼냈다. 이 대표는 바로 "제가 말을 잘못했습니다"라고 덧붙였지만 망언은 계속됐다. "정치권에서는 말하는 거 보면 정상인가 싶을 정도로 그런 정신장애인들이 많이 있습니다. 그 사람들까지 우리가 포용하기는 좀…." 이 대표가 쏘아 올린 망언은 홍준표 전 자유한국당(국민의힘 전신) 대표의 일침으로 이어졌다. 홍 전 대표는 SNS에서 그의 발언을 비판한다면서 이렇게 썼다. "국민은 그 말을 한 사람을 정신장애인이라고 말한다."

차별을 지적하면서 버젓이 차별을 전시하는 아이러니. 되레 문제를 지적한 사람을 공격하는 일도 벌어진다. 추미애 전 법무부 장관은 2021년 4월 방송인 김어준 씨를 엄호하면서 다른 언론을 '외눈'이라고 했다. 장혜영 정의당 의원은 이를 "명백한 장애 비하 발언"이라고 지적했다. 민주당 이상민 의원도 "적절한 지적"이라면서 추 전 장관에게 사과를 요구했다. 그러자 추 전 장관은 사과 대신 왜곡이라며 전체 맥락을 보라고 반발했다.

장 의원과 같은 당인 심상정 의원에게도 불똥이 튀었다. 2016년과 2019년 각각 북한 핵실험 후 군 당국에 "눈 뜬 장님", 삼성바이오로직스*의 손을 든 사법부에 "외눈박이식 결정"이라고 비판했다는 이유였다. 이는 심 의원의 과거 발언이 진심으로 잘못됐다고 생각해서 벌어진 일이 아니기에 더욱 씁쓸했다. 장 의원과 그가 속한 당을 "너희나 잘하라"라는 빈축의 대상으로 삼기 위한 문제 제기였다. 그러나 심 의원은 즉각 차별적 언어에 대한 감수성 부족을 인정, 낡은 언어습관을 고치겠다고 밝히면서 이렇게 덧붙였다. "정의당은 차별금지법을 강력히 추진하고 있으나 법 제정만으로는 가능하지 않다. 오래된 관행, 각자에게 배인 습속을 하나하나 고쳐나가는 질긴 노력들이 쌓일 때, 비로소 변화를 만들어

---

* 서울행정법원은 2019년 1월 삼성바이오로직스가 증권선물위원회를 상대로 낸 집행정지 신청을 인용했다. 고의적 회계 분식 등에 대한 다툼의 여지가 있는 상황에서 제재를 가한다면 회복 불가능한 손해가 생길 수 있다는 판단이었다.

나갈 수 있을 것"이라고.

국회의 계속되는 비하·차별 발언에 장애인 단체는 수차례 공식 사과를 요구했다. 국가인권위원회에도 거듭 진정을 제출했으나 정치권에서는 반성의 움직임이 없다. 법[*]에서는 "누구든지 장애를 이유로 장애인 또는 장애인 관련자에게 비하를 유발하는 언어적 표현이나 행동을 하여서는 안 된다"고 명시하고 있다. 이 법을 만들고 통과시킨 주체 역시 국회다. 정치권이 좋아하는 마법의 단어 '사회적 합의'가 있었기에 생긴 법 조항일 텐데 왜 지키지 않는 걸까. 국가인권위원회 역시 2014년, 언론보도 등 공적영역에서 '벙어리', '귀머거리', '장님' 등 장애인에 대한 편견을 만드는 표현을 자제할 것을 권고했다. 이런 표현들이 명백한 차별이라는 의미다.

결국 장애인단체는 2021년 4월 장애인 비하 발언을 이유로 국회의원 6명을 상대로 차별 구제 청구소송을 냈다. 장애인 비하로 법원까지 갔지만 의원님들은 거침이 없다. 문재인 대통령을 '외눈박이'라고 표현한 곽상도 전 의원은 법원

---

* 장애인 차별 금지 및 권리구제 등에 관한 법률(장애인 차별금지법) 제32조

에 답변서를 제출하며 이렇게 적었다. "한쪽 눈만 가지고 태어난 사람을 본 적이 없어 만화나 동화 속 가상 개체로 생각하고 있었다." 정부의 대일 외교 정책을 비판하는 과정에서 '정신분열적'이라는 표현을 쓴 국민의힘 조태용·윤희숙 의원도 답변서를 냈다. 그들은 "정신분열이라는 표현은 '증'이나 '병' 등 장애를 내포하는 말과 다르다. 시대와 공간에 구애받지 않는 일반화된 용어"라고 했다.

이광재 민주당 의원은 경제부총리를 비판하면서 '절름발이'라는 발언을 했다. 국민의힘 김은혜 의원은 논평에서 여당 지지자를 향해 '꿀 먹은 벙어리'라는 표현을 썼다. 같은 당 허은하 의원은 북한 원전 건설 추진 의혹과 관련해 '집단적 조현병'이라는 표현을 쓴 성명에 이름을 올렸다. 이 세 명은 소송이 제기된 지 두 달이 지나도록 법원에 답변서를 제출하지 않았다(다만 이 의원은 논란 직후 SNS에 "소수자를 살피는 정치인으로서 지적을 받기 전에 오류를 발견하지 못한 점을 깊이 반성한다"라고 사과했다).

차별당하는 사람은 있는데 차별하는 사람은 어디에도 없다. 차별당했다는 이들 앞에서 "그런 의도가 아니었다"라는 문장이면 모든 차별과 혐오, 폭력은 일순간에 해소되고 평화가 찾아오는 걸까. 장 의원은 추 전 장관에게 거듭 "다시 요청 드린다. 정치적 견해를 공개적으로 표현하는 과정에 사용하신 장애 비하 표현에 대해 성찰하고 진정성 있게 국민 앞에 사과하라. '내 표현이 적절치 못했다' 그 한마디면 끝날 일"이라고 말했다. 정말, 그 한마디가 그렇게 어려운 일인지 궁금하다.

인종차별 없는 우리나라

'추억의 방송인' 브루노와 보쳉을 기억하시는지. 1999년 KBS 예능 프로그램 〈한국이 보인다〉 속 이탈리아와 중국에서 온 유학생 콤비의 좌충우돌 한국문화 체험기는 큰 사랑을 받았다. 외국인 예능은 이후 대한민국 예능계에서 흥행 보증 수표가 됐다. 같은 방송사의 〈미녀들의 수다〉나 JTBC의 〈비정상회담〉, MBC에브리원의 〈어서와 한국은 처음이지?〉 등 굵직한 히트작들만 떠올려도 적지 않다. 특히 한국인이 사랑하는 외국인은 '한국인보다 더 한국인 같은 외국인'이다. 한국말을 유창하게 구사하면서 김치를 넘어 청국

장이나 홍어, 개불 등 호불호가 갈리는 한국 음식을 즐기는 외국인. 가나 출신 방송인 샘 오취리는 딱 이런 니즈에 부합하는 인물이었다. 예능프로그램은 물론 광고와 여러 홍보대사까지 섭렵하며 승승장구했다. 그러던 그가 한국 사회 '인종차별'을 꼬집었다가 한순간에 국민 역적으로 전락했다.

"참 2020년에 이런 것을 보면 안타깝고 슬퍼요. 웃기지 않습니다!!!! 저희 흑인들 입장에서 매우 불쾌한 행동입니다. 제발 하지 마세요!!!!"

샘 오취리는 SNS에서 인기를 끈 가나의 '춤추는 상여꾼'을 따라 흑인 분장을 한 한국 고등학생들의 사진을 게시하며 이렇게 말했다. 흑인의 외모를 희화화하는 과거 미국의 '블랙페이스'와 다르지 않다는 호소였다. 블랙페이스는 백인 배우들이 얼굴을 검게 칠하고 흑인 노예를 우스꽝스럽게 묘사한 19세기 미국 무대극에서 유래했다. 흑인은 무대에 오르는 것조차 금지하던 시절에 이들을 열등한 존재로 묘사, 백인들의 웃음을 불렀다. 해외에서 블랙페이스가 심각한 인종차별 행위로 받아들여지는 이유다.

그의 마땅한 지적 이후 한국 사회는 반성하고 재발 방지책을 마련했을까. 우리 모두 이미 알고 있듯이 그렇지 않다.

사과하고 고개 숙인 이는 샘 오취리였다. 한국 사회는 잠시 멈칫했으나 차근차근 반격에 나섰다. 우선 해당 고등학생들이 '비하의 의도'가 없었으므로 불쾌해하는 그의 태도가 지나치다고 규정했다. 이어 샘 오취리가 과거 방송에서 동양인 비하로 여겨지는 눈 찢기를 했다거나 여성 배우를 향한 성희롱에 동조했다는 사실을 들어 인종차별을 지적할 자격이 없다고도 했다. 미국에서는 흑인보다 동양계가 더한 차별을 받으므로 동양인에 의한 흑인 인종차별은 일어날 수 없는 일이라는 반박도 있었다.

말도 안 되는 소리다. 의도가 없어도 인종차별이고 의도까지 있었다면 더 질이 나쁘다. '과실치사'라는 죄가 괜히 있는 게 아니다. 게다가 과실이라도 여러 번 반복되면 그건 더 이상 과실조차 아니다. 우리는 1980년대 '시커먼스'와 1990년대 '사바나의 아침'을 거쳤다. 2020년에는 변명의 여지가 없다. 피해자의 전력이 가해를 정당화할 수도 없다. 손희정 평론가는 경향신문과의 인터뷰에서 "설령 그렇다 해도 그것은 오취리가 반성할 문제"라면서 별개의 사건임을 강조했다.

논란의 중계에 나선 언론은 분별없이 혐오론자들의 언어를 그대로 받아썼다. 언론을 등에 업은 혐오는 하나의 '의견'

으로서 자격을 얻었고 기세등등해졌다. 다른 고등학교의 학생들도 '춤추는 상여꾼' 패러디를 하며 샘 오취리를 태그하는 일까지 벌어졌다. 칼럼니스트 위근우 씨는 이를 두고 "차별주의자들의 1승, 그 이상도 이하도 아니다"라고 썼다.

그렇다, 차별주의자의 승리였다. 한국 사회의 차별주의자들은 자신이 차별을 한다는 사실조차 몰랐다. 사실 한국에는 인종차별이 없다. 세계 가치관조사(WVS)가 2017년부터 2020년까지 한국인 1,245명을 대상으로 한 조사에 따르면 전체 응답자 중 93%가 "우리 사회에 인종차별이 없거나 매우 적다"라고 답했다.

이처럼 인종차별이 없거나 매우 적은 훌륭한 한국 사회를 두고 러시아 출신 귀화 한국인 박노자 교수는 '지디피(GDP) 인종주의'라고 말했다. 출신 국가의 GDP에 따라 외국인을 다르게 대하는 한국인의 행태를 지적하는 단어다. 선진국 출신 백인을 떠받들면서 후진국 출신이나 유색인종은 깔보고 차별한다는 것이다. 샘을 향한 비난의 저변에도 이런 의식이 깔려 있다. 그에게 쏟아진 온라인 폭력의 대부분이 출신 국가인 가나의 경제력이나 노예제가 운용됐던 시절 흑인의 역사를 언급하고 있다는 사실이 이를 방증한다. 백인이 같은 문제를 말했다면 자성의 목소리가 나왔을지 모르지만 흑인인 그의 말은 한마디로 '어딜 감히'였다.

한국에서 블랙페이스 논란은 한국에서 이번이 처음이 아니다. 2017년 SBS 〈웃음을 찾는 사람들〉이 같은 문제로 도마 위에 놓인 적이 있다. 호주 출신 방송인 샘 해밍턴은 해당 프로그램에서 흑인 분장을 하고 등장한 코미디언의 행동이 문제라는 의견을 밝혔다. 관련 발언 이후 방송에서 자취를 감춘 샘 오취리와 달리 샘 해밍턴은 여전히 활발하게 얼굴을 비춘다.

물론 그때와 달리 변한 것도 있다. 샘 오취리는 2021년 12월 유튜브 채널에 '가나 전통 음식 레시피'라는 제목의 영상을 올렸다. 가나 전통 음식을 만드는 과정을 소개하는 평범한 내용이었다. 일부 네티즌들이 인종차별적 댓글을 달았다는 소식이 알려지자 그를 응원한다는 선플이 몰려와 온라인 폭력을 밀어냈다. "사랑은 혐오를 이긴다"라는 말은 진부하지만 그래서 진실이 아닐까.

불법체류라는 죄

경기 포천에서 한 미등록이주노동자(불법체류자)가 죽었다. 한국 사회에서는 그리 새롭지도 않은 사건이다. 이 사건이 그나마 주목받은 이유는 죽은 노동자가 일하던 농장 주인이 시신을 인근 야산에 유기했다가 들통났기 때문이다. 시신 유기라는 극악무도한 사건으로 주목받게 된 이 노동자의 사연은 많은 이들의 가슴을 먹먹하게 했다. 태국에서 온 그는 낮에는 농장에서 돼지 1,000마리를 돌보고 밤에는 농장 옆 가건물에서 지냈다. 비좁은 벽에는 곰팡이가 핀 데다 온갖 잡동사니가 쌓여 있는 창고만도 못한 공간이 그의 '한국살이'였다. 2013년 관광 비자로 입국한 그는 미등록이주노동자라는 신분 탓에 10년간 고향에도 한 번 가지 못했다. 100만 원대 월급에서 담배와 커피값을 빼곤 모두 가족에게 보내며 '코리안 드림'을 꿈꿨다. 그 끝은 악몽보다 더 참혹한 현실이었다. 그의 시신은 불법체류자를 장기간 고용한 사실이 들통날 것을 우려한 농장 주인의 트랙터에 실려 야산에 버려졌다.

이 태국인의 죽음이 새롭지도 않은 건 2022년과 2019년에 각각 단속을 피하려다 숨진 미등록이주노동자 사건이 보도된 바 있어서다. 비슷한 죽음은 이전에도 존재했고 세상에 알려지지 않은 사례는 더 많을 수밖에 없다. 잇따르는 미등록이주노동자의 죽음을 맞닥뜨릴 때마다 죄의 무게를 재볼 수 있는 저울이 있다면 한번 달아보고 싶다. 과연 '불법체류'라는 죄는 죽음을 감내할 정도로 무거운 것인지를.

법무부에 따르면 2023년 1월 기준 국내 체류 외국인은 215만 명에 이른다. 이 중 불법체류 신분인 외국인은 41만 명으로 알려졌다. 세종특별자치시(38만 명)나 강원도 원주시(36만 명)의 인구보다 많은 숫자다. '불법'이 아닌 외국인 노동자의 삶도 그리 녹록하지 않은데 이들이 한국에서 어떻게 살아가고 있을지 상상해 보는 일은 그리 어렵지 않다. 김달성 포천이주노동자센터 대표는 "미등록이주노동자들은 신분상 약점 때문에 열악한 노동조건과 환경에도 그것을 개선해 달라고 말하지 못한다"라고 전했다. 추방의 두려움 탓에 모든 악조건을 받아들일 수밖에 없는 처지다.

옆 나라 일본의 미등록이주노동자 수는 2020년 기준 8만 3,000여 명이다. 왜 이렇게 차이가 날까. 현장의 활동가들은 한국의 제도가 미등록이주노동자가 되기 쉽게 설계되어 있다고 입을 모았다. 비전문취업(E-9) 비자를 가진 외국인 노동자의 최대 체류 가능 기간은 9년 8개월. 그러나 이를 위해서는 ① 최초 3년을 근속하고 ② 1년 10개월까지 연장한 뒤 ③ 출국해 6개월 지난 후 재입국하고 ④ 다시 3년 근속 후 ⑤ 1년 10개월 추가 연장을 해야지만 가능했다. 2022년 12월에야 특정 조건*을 만족한 외국 인력은 출국·재입국 과정 없이 최대 10년까지 국내에 머무를 수 있게 하는 방안이 도입됐다.

한국의 제도는 심지어 외국인 노동자에게 '불법체류'를

---

* 한 사업장에서 24개월 이상 근무하거나 옮긴 사업장에서 30개월 이상 근무하는 등

강요하기도 한다. 2022년 말 기준 임금이 떼여 노동청에 신고한 이주노동자는 1만 4,000명. 임금 체불을 진정한 이주노동자의 E-9 비자가 만료되면 법무부는 임시 비자인 G-1 비자를 주는데 이 비자로는 취업을 할 수 없다. 결국 임금도 못 받고 고국으로 내쫓기거나 불법체류자가 되는 길밖에 없다. 법무부도 이런 맹점을 알고 있으나 "당사자가 취업 활동 제약으로 처할 수 있는 경제적 어려움뿐만 아니라 장기 체류 방편으로 활용할 가능성을 종합적으로 고려하겠다"는 원론적 입장만 밝히고 있다.

출입국관리법 제17조 1항에서는 "외국인은 그 체류 자격과 체류 기간의 범위에서 대한민국에 체류할 수 있다"고 규정하고 있다. 이를 위반할 경우 같은 법 제94조에 따라 3년 이하의 징역 또는 3,000만 원 이하의 벌금에 처할 수 있다. 불법체류는 분명한 범법이지만 그 처벌은 범죄의 수준에 걸맞아야 한다. 그러나 정부조차 공식 석상이나 문서에서 미등록이주노동자라는 표현 대신 '불법체류자'라는 멸칭을 쓸 정도로 한국 사회에서 관련 죗값은 무겁다. 유엔 등 국제 무대에서는 '미등록이주민'이라는 표현을 사용한 지 오래되었는데도 한국 정부는 유독 불법체류라는 단어를 고집한다.

한국은 외국인 노동자 없이 버틸 수 없는 나라가 됐다. 인력난을 겪는 농촌은 더욱 그렇다. 코로나19로 외국 인력 유입이 줄면서 일당이 70~80% 뛰었는데도 농어촌에서는 내국인 대체인력을 구하기가 어려웠다. 경기 이천·여주지역의 인삼 재배 농가에서는 법무부의 미등록이주노동자 단속에 반대하는 현수막을 내걸기도 했다. "농번기에 외국인 인력 단속이 웬 말이냐"라는 문구에는 절박한 농가의 현실이 고스란히 담겨 있다. 건설 현장에서도 미등록이주노동자라는 사실을 알면서 이들을 고용하는 일이 비일비재하다. 한 아파트 시공사 관계자는 "외국인 노동자를 못 쓰게 하면 일이 안 되니 불법인 줄 알면서 쓰게 됐다"고 했다. "동탄에 있을 땐 80%가 외국인이었는데 그중 합법(이주노동자)은 절반밖에 안 됐다"는 현실을 전했다.

이주노동자 인권 활동가이자 연구자 우춘희의 『깻잎 투쟁기』에서는 농어촌에서 일하는 노동자 10명 중 4명이 이주노동자라고 한다. 이들이 없다면 식탁에서 깻잎은 자취를 감출지도 모른다. 어디 깻잎뿐인가. 토마토, 고추 같은 야채뿐 아니라 닭과 돼지고기 등 축산농가에서도 이주노동자의 존재는 필수다. 그런데도 오늘의 맛있는 식사가 이주노동자의 피와 땀, 때로는 죽음까지 담보로 했다는 사실은 누구도 알려 하지 않는다.

미국 캘리포니아가 코로나19 팬데믹 당시 미등록이주민에게도 지원금을 준 이유는 '그들도 우리 이웃'이라는 시혜적인 성격이 아니었다. 이들이 지방세 등에 기여하는 세금 규모가 무시할 수 없는 수준이었기 때문이다. 한국의 사정도 다르지 않다. 처벌만을 목적으로 한 정책을 실시한다면 경제적 타격도 클 수밖에 없다. 적법한 체류 자격을 가진 이들과 완전히 같을 순 없지만 이들에게도 '기본권'이 보장되어야 하는 이유다.

세상에 죽음으로 갚아야 하는 죄는 없다. 불법체류라는 죄는 더더욱 그렇다. 우리는 불법체류를 이유로 타지에서 죽어야 했던 이들의 이름을 기억해야 할 의무가 있다. 2023년 3월, 돼지농장에서 숨진 태국인의 이름은 '쁘라와 세닝문추'다. 2022년과 2019년 각각 불법체류 단속에 쫓기다 세상을 떠난 미얀마인과 태국인은 '딴저테이'와 '품누 아누삭'이었다. 한국 사회가 이주노동자 관련 정책을 세우면서 잊지 말아야 하는 이름이다.

겨우 서른에서 「서른아홉」까지

MBC 드라마 〈내 이름은 김삼순〉(2005년) 속 삼순이의 나이가 서른이었다는 사실을 떠올릴 때마다 격세지감을 느낀다. 등장인물 소개에서 볼 수 있듯 삼순이는 '예쁘지도 않고 날씬하지도 않으며 젊지도 않은 엽기발랄 노처녀 뚱녀'로 묘사됐다. 지금이었다면 몰매를 두드려 맞고 당장 수정함이 마땅한 문구다. 비슷한 시기 방영됐던 KBS 〈올드미스 다이어리〉의 주인공 최미자의 나이 역시 서른하나. 미자에게도 '우리 시대 전형적인 보통의 노처녀'라는 설명이 따라붙었다. 이들은 주변으로부터 "결혼은 언제 하나"라는 잔소리를 귀 따갑게 들으며 어느덧 서른이 넘어버린 나이에 스스로도 적지 않은 충격과 공포를 느낀다. 삼순과 미자에게 서른이라는 나이는 외모나 직업, 성격 등 자신이 가진 다른 정체성을 압도하는 절대적인 가치였다.

지금 시점에서 보면 서른이 노처녀라니 놀라운 일이다. 하지만 2005년 통계청 기준 평균 초혼 연령이 여성 27.72세, 남성 30.87세였던 사실에 비춰보면 드라마 속 노처녀 운운은 현실의 반영이었다. MBC 드라마 〈왕꽃선녀님〉(2004~2005년)에서 주인공의 생모(生母) 부용화로 나왔던 배우 김혜선 씨의 당시 실제 나이는 고작 36세였다. 그런데도 20대 중반의 딸이 있는 역할을 맡아야 했고 이후로는 쭉 어머니 역할을 맡아왔다. 이처럼 여성 배우는 서른 살만 넘어도 엄마 역을 맡는 사례가 허다했다. 그런 시대 상황에서 이 드라마들은 오히려 견고한 가부장적 질서를 향한 '참신한 반항'이었다.

삼순이와 미자가 고군분투하던 시대는 지났다. 요새는 누구도 서른이라는 나이에 노(老)라는 단어를 붙이지 않는다. 평균 초혼 연령도 쑥쑥 올라서 2020년 기준 여성은 30.78세, 남성은 33.23세가 됐다. 서른을 바라보는 달라진 시선은 드라마만 봐도 한눈에 알아차릴 수 있다. 티빙 오리지널 드라마 〈술꾼도시여자들〉(2021년)에서 주인공 소희, 지연, 지구의 나이 역시 서른이다. 드라마는 사회생활과 연애 등으로 갈팡질팡하는 여성들의 일상을 그리지만 그들의 나이가 주된 고민거리로 부각되진 않는다. 남의 시선을 의식하지 않는 걸걸한 성격의 지구라는 캐릭터는 또 어떤가. 방금 전까지 다신 안 볼 듯 험한 욕설을 주고받으며 싸우다가도 위기에 처한 친구를 향해 한달음에 달려가 돌로 창문을 깨부순다. 지구는 사회가 규정한 여성성이라는 중력에서 한없이 자유롭다.

원작 웹툰 〈술꾼도시처녀들〉이 드라마로 만들어지면서 제목이 '여자들'로 바뀌었다는 점도 주목할 만하다. 작가 미깡은 드라마 방영 전인 2020년에 경향신문과 인터뷰를 했다. 연재를 재개할 계획이 있냐는 질문에 "처녀라는 단어가 많이 오염돼서 〈술꾼도시여자들〉로 40대의 이야기를 하고 싶은 마음은 있다"라고 밝혔다.

변화의 조짐은 곳곳에서 발견된다. 중국 드라마 〈겨우 서른(三十而已)〉은 국내에서 리메이크되면서 〈서른, 아홉〉으로 바뀌었다. 원작 드라마에서는 이제 막 서른이 된 세 명의 여성이 각각 결혼과 출산, 육아로 갈등을 빚는다. 2022년에 JTBC에서 방영된 〈서른, 아홉〉에서는 서른이 아니라 마흔을 앞둔 절친한 친구들의 이야기를 다뤘다. 중국과 한국의 평균 초혼 연령 차이 때문이기는 하다. 하지만 마흔을 바라보는 피부과 원장 역할의 손예진을 포함한 주연 배우들(전미도, 김지현)이 모두 실제로 마흔이라는 점 역시 변화를 실감케 한다. 2006년만 하더라도 손예진은 드라마 〈연애시대〉에서 스물다섯 살의 나이로 이혼 여성을 연기하면서 열두 살이 많은 감우성(1970년생)과 호흡을 맞췄다.

물론 무려 16년이 흘렀는데도 변하지 않는 것은 있다. 〈술꾼도시여자들〉 같은 드라마가 2021년에야 만들어졌고 '신선하다'라는 평가를 받은 것은 아직 이런 이야기가 주류에 포섭되지 못했다는 의미이기도 하다. 같은 해, KBS 드라마 〈신사와 아가씨〉에서는 열네 살 연상에 아이가 셋 있는 남성을 좋아하는 스물여섯 살 여성의 이야기가 그려지기도 했다. 동시대의 이야기인데도 온도는 천지차이다. 드라마 〈신사와 아가씨〉의 기획의도를 살펴보면 등골이 쭈뼛해질 정도다. 열네 살 연상의 남자를 좋아하는 여성이 '일반적이지 않다'고 하면서도 이렇게 강조하기 때문이다. "요즘 젊은 사람들 결혼은 해도 아이는 낳지 않는다던데. 아니 결혼은커녕 연애도 사치라고 싱글족이 넘쳐나는데. (중략) 하지만 우리 주인공 그녀는 사랑을 믿었고 누가 뭐라 해도 세상의 잣대가 아닌 자신만의 기준으로 선택한 삶과 사랑을 용기 있게 지켜나간다."

아이도, 결혼도, 연애도 하지 않는 '요즘 젊은 사람들'에 대한 삐딱한 시선이 고스란히 담겨 있다. 한때 온라인을 달궜던 '무해한 음모'를 떠올리지 않을 수 없다. 2017년 국책연구소인 한국보건사회연구원에서 발표한 보고서에서 저출산 원인을 '고스펙 여성'에게 돌리는 내용이 발견됐다. "교육 수준과 소득 수준이 상승함에 따라 '하향 선택 결혼'이 이루어지지 않는 사회 관습 또는 규범을 바꿀 수 있는 문화적 콘텐츠 개발이 이루어져야 한다. 이는 단순한 홍보가 아닌 대중에게 무해한 음모 수준으로 은밀히 진행될 필요가 있다"라는 주장이었다. 단순히 아이디어 차원이었을 뿐 실제 정책으로 연결되진 않았다지만 자칫하면 과거로 역행할 수 있음을 보여주는 징후다.

사실 연령만 늦춰졌을 뿐 여전히 여성의 나이에는 보이지 않는 한계가 있다. 20년 전 서른이었던 노처녀 삼순이는 이제 마흔 무렵에 비슷한 압력을 받는다. 여성 배우에게 주어지는 역할도 여전히 제한적이다. 영화 〈여배우는 오늘도〉(2017년)의 감독이자 주연배우인 문소리는 극 중에서 유명세와 높은 평가를 받는 연기력에도 주인공 섭외가 들어오지 않아 근심한다. "어떤 역할도 다 할 수 있을 것 같다"라고 말하면서도 단서를 단다. "아이만 대학생이 아니면"이라고. 이 장면을 보면서 어차피 엄마 역할인데 자녀의 나이가 중요한가 싶었는데, 관련 업계에서는 똑같은 엄마라도 아이의 나이에 따라 대우가 천차만별이라고 한다. 한 번이라도 엄마 역할을 맡으면 다시 미혼 역할을 맡기 어려울뿐더러 광고 시장에서도 주가가 뚝뚝 떨어진다는 것. 미취학 아동이나 초등학생까지는 그래도 아슬아슬하게 안전선 안에 있다. 하지만 중·고등학생 이상이라면 (이런 표현을 쓰고 싶지 않지만) '한물갔다'라는 평가를 피하기 어렵다는 설명이다.

"(영화 〈세자매〉는) 모든 딸들이 폭력의 시대나 혐오의 시대를 넘어 환하게 웃으면서 살아가는 마음을 담은 영화입니다. 윤여정 선생님, 아까 멋진 무대 보여줬던 홀리뱅 언니들, 그런 멋진 언니들이 있어서 우리 딸들의 미래가 밝지 않을까 생각해 봅니다."

청룡영화상에서 영화 〈세자매〉로 여우주연상을 거머쥔 배우 문소리의 수상 소감은 세상이 변하지 않는다고 푸념만 하고 있을 순 없다는 점을 상기시킨다. 여전히 가부장적 관습을 지닌 드라마들이 적지 않다. 하지만 한편에서는 나이뿐 아니라 다양한 성격과 능력, 매력을 가진 여성들의 이야기가 꾸준히 만들어지고 있다. 4년 전, 연기를 하고 싶지만 주어진 역할이 없어 고민하던 그에게 여우주연상을 안긴 영화 역시 각기 성격도 개성도 다른 여성들의 이야기다. "더 멋진 여자들이 나오는 얘기로 여러분을 찾아뵙겠다"라는 문소리의 예고대로 다시 찾아올 그와 여자들을 기대해 본다.

이상한 나라의 휠체어

휠체어를 타는 장애인과 동행취재에 나선 하루 중 가장 곤욕스럽던 시간은 노약자용 엘리베이터를 기다릴 때였다. 엘리베이터를 타려는 이들이 우리를 연신 힐끔거리며 불편한 기색을 감추지 않았던 탓이다. 부피가 큰 휠체어로 인해 행여 자신들이 타지 못할까 전전긍긍했다. 그런 노골적인 시선을 받고 있자니 괜히 움츠러드는 동시에 '욱'하고 치밀어 오르는 것도 있었다. 이 엘리베이터는 분명 '노약자용'이었다. 그런데 왜 노(老)를 붙이기에도 약(弱)이라고 칭하기에도 애매한 사람들만 가득한 건지. 이윽고 도착한 엘리베이터에 휠체어를 제치고 뛰어들어 닫힘 버튼을 연타하는 모습에 이르러서는 분노와 환멸을 지나 서운함마저 들었다. 아무리 길어야 몇 분 차이일 텐데 어딜 봐도 약자인 쪽에게 양보하는 게 그리 어려운 일인가.

휠체어와 고작 하루를 함께하는 동안 세상은 순식간에 '이상한 나라'로 변모했다. 낯설고 기묘한 나라에 갑자기 뚝 떨어진 앨리스처럼 단 한 걸음도 편히 내디딜 수 없었다. 엘리베이터만 마음대로 되지 않는 게 아니었다. "이 역은 승강장과 열차 사이가 넓으므로 내리고 타실 때 조심하시기 바랍니다"라는 안내가 나오는 역에서는 어김없이 그 틈으로 휠체어 바퀴가 빠졌다. 조심한다고 피할 수 있는 일이 아니었다. 바퀴가 빠지면 혼자 힘으로 해결하는 건 불가능했다. 함께 길을 나섰던 장애인 활동지원사가 황급히 나서기도 여러 차례였다. 그로 인해 닫혔던 스크린 도어가 다시 열리거나 출발이 지연될 때면 어김없이 시선이 쏟아졌다.

그나마 지하철은 사정이 나았다. 제법 쌀쌀한 날씨에 몸을 떨며 저상버스가 올 때까지 몇 대의 버스를 그냥 보냈다. 배차 시간이 5~10분이라는데 30분 이상 기다려 도착한 저상버스를 타려니 운전기사는 고개를 절레절레 저으며 팔로 엑

스(X)자를 만들어 보였다. 휠체어 탑승을 위한 발판에 문제가 생겨 탑승이 안 된다는 얘기였다. 다시 기다리는 것 외에는 선택지가 없었다. 네이버 지도 앱으로 목적지까지 가는 방법을 검색해 봤다. 예상 소요시간은 약 23분. 그런데 버스를 기다리는 데만 벌써 30분을 썼다. 다음 저상버스는 다행히 발판이 내려왔지만 바닥에 닿지 않아 활동지원사가 발로 눌러야만 했다. 겨우 올라탄 버스 안은 야속할 정도로 따뜻했다. 휠체어와 함께하는 내내 어디를 향해야 할지 모를 미움이 자꾸만 쌓여갔다.

반나절이 꼬박 걸린 외출을 마치고 돌아가는 길도 평범하지 않았다. 집으로 가는 마을버스는 있지만 저상버스가 도입되지 않은 터라 그림의 떡이었다. 결국 40분 동안 집까지 걸었다. 인도 여기저기에 전동 킥보드와 자전거가 놓여 있어 휠체어는 도로를 달려야 했다. 빠르게 지나가는 차량 사이로 보호 장치 하나 없이 움직이는 전동 휠체어는 아슬아슬하게만 느껴졌다. 앞서나가는 휠체어를 눈으로 쫓으며 언덕을 올라 그의 집 앞에 도착하자 맥이 다 풀렸다. 나 혼자였다면 두어 시간 만에 끝났을 여정이었지만 새벽에 출발해 오후에야 비로소 마무리된 '모험'은 영광 없이 상처뿐이었다. 헤어지면서 고생했다고 인사를 건네는데 절로 이런 투덜거림이 튀어나왔다. "정말 너무들 한 것 같아요."

종일 쌓였던 불만을 숨길 수 없던 나와 달리 휠체어에 탄 그는 "이런 일은 일상"이라며 대수롭지 않다고 했다. "휠체어는 다음에 타라"며 밀쳐지기도 했다. 엘리베이터를 몇 대 보내고도 도저히 자리가 나지 않아 "먼저 탈 수 있겠냐"고 물었다가 "난 바쁜 사람이다"라며 거절당한 적도 있다고 담담하게 말했다.

지하철 엘리베이터의 유무와 승강장과 열차 사이 너비, 승객의 '배려'에 따라 완전히 달라지는 그의 '외출'에 대해 감히 가늠해 봤다. 처음엔 분명 상처로 다가왔을 경험들에 딱지가 앉아 굳어지는 데는 아마 적지 않은 시간이 걸렸을 터였다. 섣부른 위로는 안 하느니만 못할 것 같다는 핑계로 입을 꾹 다물었지만 이때만큼 말주변이 없는 게 아쉬운 적은 없었다. 마지막으로 물었다. '장애인 이동권' 투쟁에 무관심을 넘어 비난을 하는 이들이 밉지 않냐고. 그는 "지금은 그렇더라도 언젠가는 모두가 알게 될 것"이라고 여전히 대수롭지 않게 답했다.

취재를 마치고 혼자 지하철을 탔다. 엘리베이터가 설치된

출구를 찾을 필요 없이 제일 가까운 계단을 성큼성큼 내려 갔다. 어떤 불편도 느껴지지 않았다. 그러나 분명히 변한 것도 있었다. 명동역을 지날 때, 평소엔 귀 기울이지 않았던 안내방송이 들렸다. 역에 엘리베이터 설치 공사 중이라 이를 이용할 승객은 이웃 정거장인 회현역이나 충무로역에 내리라는 이야기였다. 유동 인구가 많은, 서울의 대표적인 지역 중 하나인 명동 지하철역에 이제야 엘리베이터가 설치된다는 사실을 믿을 수 없었다. 명동역을 수차례 들락날락했지만 엘리베이터가 없다는 것도 몰랐다. 엘리베이터가 없으면 지하철을 탈 수 없는 사람에 대해 신경조차 쓴 적이 없었기에 모르고 살아왔다.

지하철역의 엘리베이터가 '장애인' 덕분에 생겼다는 사실을 아는 이들은 얼마나 될까. 불과 20여 년 전만 해도 엘리베이터가 설치된 지하철역은 거의 없었다. 지체장애인이 지하철을 타기 위해서는 계단에 달린 리프트를 사용해야 했다. 이 정도 '편의'를 봐줬으면 충분한 것 아니냐고 하겠지만 당사자들에게 리프트는 살인 기계였다. 1999년부터 2021년까지 수도권 휠체어 리프트 관련 사고는 17건으로 사망에 이른 사례만 5건에 달한다. 주로 리프트에 탔던, 혹은 타려던 장애인이 낙상하는 사고였다.

이동권 투쟁은 장애인도 자유롭게 길을 다니고 대중교통을 이용하게 해달라는 당연한 요구다. 대중교통에서 대중의 의미는 '수많은 사람들의 무리'이다. '사람'에는 비장애인뿐 아니라 장애인도 포함되지만 현실은 달랐다. 비장애인은 별 수고를 들이지 않고 매일 대중교통을 이용한다. 그러나 장애인은 이를 위해 20년간 쇠사슬로 서로의 몸을 묶고 도로와 철로에 드러누워야 했다. 적지 않은 이들은 목숨마저 잃었다. 수많은 장애인의 희생 후에야 지하철에는 하나둘씩 엘리베이터가 설치됐고 저상버스도 도입되기 시작했다. 그 희생을, 대중은 정작 까맣게 잊고 살면서 장애인에게 "이기적인 요구를 한다"라고 손가락질한다. 모두를 위한 이동권의 필요성이 절실해진 언젠가의 순간, 장애인의 요구를 외면했던 과거는 우리에게 어떤 의미가 될지 궁금해진다.

몇 년 전부터 까만 강아지와 함께 살게 됐다. 윤기 나는 까
만 털에 한쪽 발에만 흰 양말을 신은 아주 귀여운 열 살 강아
지다. 어렸을 때 강아지와 몇 개월 지내본 적은 있지만 본격
적으로 가족으로 받아들이는 일은 처음이라 걱정이 앞섰다.
평소에 강아지를 포함해 동물을 살짝 무서워하는 편이기도
해서 주변 사람들도 한마디씩 했다. 엄마의 걱정이 특히 심
했다. 강아지를 데려오기 직전까지도 "지금이라도 다시 생
각하라"며 반기지 않았다.

　영 탐탁지 않아 하던 엄마를 뒤로하고 까만 강아지는 우

리 집에 왔다. 그렇게 봄, 여름, 가을, 겨울을 보내고 다시 봄이 왔다. 아주 작은 부스럭 소리만 나도 간식 봉지 소리로 여겨 쉽게 흥분한다는 점만 빼면 성격이 무던한 편인지 금방 나를 잘 따랐다. 우리는 무사히 가족이 됐다. 강아지와 살면서 자연스레 다른 강아지는 물론이고 동물 전체를 이전과는 다르게 바라보게 됐다. 이런 스스로의 변화도 놀랍지만 무엇보다 달라진 건 엄마였다. 근처에 사는 엄마는 종종 내 퇴근이 늦어지면 집에 와서 강아지를 대신 돌봤고 그는 일에 푹 빠졌다.

이전까지 엄마는 강아지와 사람은 다르다고 여기는 전형적인 '어르신'이었다. 강아지용 카트에 반려동물을 태우고 다니거나 카페에 데려온 사람들을 보면 "개 팔자가 상팔자다"라며 은근히 혀를 찼다. 엄청 즐기진 않았지만 기력이 쇠하다 싶으면 가끔 보신탕도 드시곤 했다. 그랬던 엄마는 까만 강아지가 나이가 들어 다리가 아프다는 소식에 강아지용 카트, 그것도 제법 고가의 제품을 사들고 왔다. 엄마의 애정 순위에서 영원불변한 1위로 보였던 우리 남매도 한순간에 밀렸다. 늘 나나 동생의 얼굴이었던 엄마의 카카오톡 프로필 사진(배경 사진마저!)은 이제 강아지 차지가 됐다. 나와

싸웠다가 가까스로 화해한 이후에도 엄마는 말했다. "넌 괘씸한데 이 조그만 게 눈에 아른거려서 안 보고 살 수가 없더라"고.

그뿐 아니다. 엄마는 까만 강아지를 사랑하게 되면서 열렬한 동물권 보호론자가 됐다. 음식물류폐기물을 먹는 가축 대부분이 개라는 사실에 훨씬 더 꼼꼼하게 음식물 쓰레기를 분류했다. 또 보신탕 얘기를 꺼내는 이모부에게 "요새 누가 보신탕을 먹느냐"라고 호통을 쳤다. "엄마도 얼마 전까지 먹지 않았냐"라고 묻자 "그땐 '얘'를 몰랐다"라면서 강아지 앞에서 그런 얘기 말라고 내게도 한 소리 했다. 이전엔 무심히 넘겼던 동물 학대 기사도 마음이 아파 도저히 읽을 수 없다고 말하는 사람이 과연 내가 알던 우리 엄마가 맞는지 놀라울 정도였다.

강아지뿐 아니라 고양이 등 다른 동물을 향해서도 너그러워졌다. 어느 겨울 날 산책길에서 누군가 가져다 놓은 길고양이용 사료와 담요를 맞닥뜨렸다. 엄마는 걸음을 멈춰 언 물을 버리고 새로 담는 등 주변을 청소했다. 이 추운 날씨에 작은 생명이 부디 안녕하기를 바라는 마음을 담아서.

엄마와 까만 강아지를 보면서 무언가를 사랑한다는 일의

의미를 다시 알게 됐다. 사랑은 그 대상뿐 아니라 그를 둘러싼 세계까지 같이 보게 만든다. 강아지와 살면서 동물을 향한 부당한 현실을 새삼 깨닫게 되는 것처럼 다른 관계에서도 마찬가지다. 자녀를 군대에 보낸 부모는 군 인권에 관심을 가지게 되고 가족이 장애인인 사람은 장애인에 대한 사회·제도적 지원을 요구하기 마련이다. 그것이 결국 내가 사랑하는 대상을 행복하고 안전하게 만드는 일임을 알기 때문이다.

"불안정한 이들의 상황을 어떻게 개선할 것인가.
세상을 더 좋은 장소로 만들 수 있는 무궁무진한 기회는
여기에서부터 시작된다."

정 맞는 모난 돌들을 위하여

'트랜스젠더 정치인' 임푸른 씨를 처음 알게 된 건 2020년 총선을 앞둔 2월이었다. 국회에서 정의당 국회의원 비례대표 출마 기자회견을 할 때였다. 그는 어깨 아래로 내려오는 새카만 긴 생머리에 당의 상징색인 노란색 머플러를 두른 채였다. 사회의 잣대에 따르면 '여성'스럽지도, 그렇다고 '남성'스럽지도 않은 옷차림이었다. 그는 이분법적 성별에 속하지 않는 '논바이너리(Non-binary) 트랜스젠더'라고 자신을 소개했다. 푸른 씨가 정의당으로부터 받은 비례대표 순번은 24번. 현실적으로 당선이 불가능한 자릿수였고 예상대로 국회의원 배지는 달지 못했다.

그를 다시 본 것은 푸른 씨와 함께 기자회견장에 섰던 또 다른 트랜스젠더 정치인, 녹색당 후보의 죽음 이후였다. 주간지 〈시사IN〉은 당시 푸른 씨와의 인터뷰에 '이젠 한 명 남은 트랜스젠더 정치인'이라는 제목을 달았다. 한국 사회에서 성소수자, 그중에서도 소수자인 트랜스젠더로 살아가는 일은 쉽지 않다. 트랜스젠더 개인을 넘어 사회에 "차별하지 말라" 외치는 활동가, 여기에서 또 법·제도를 직접 만드는 정치인까지. 검은 블라우스를 걸친 그의 어깨에 적지 않은 무게가 얹힌 듯해서 시선이 오래 머물렀다.

푸른 씨를 만나고 싶었다. 이런 사심 담은 인터뷰 요청을 흔쾌히 받아들인 그를 여의도 국회 인근 카페에서 만났다. 그를 마주하자마자 대뜸 "왜 하필 정치인이 되고 싶은지"부터 물었다. 투표 현장서 "본인이 맞나"라는 질문에 시달리는 등 참정권조차 제대로 보장되지 않는 한국 사회의 트랜스젠더가 뻔히 예상된 가시밭길에 발을 내디딘 이유가 궁금했다. 푸른 씨의 대답은 단순했다. "아무도 나서지 않아서 저라도 나서야 한다고 생각했어요."

푸른 씨뿐 아니라 인권단체 활동가를 만날 때마다 "왜 이런 일을 하게 되셨는지"를 묻곤 했다. 웬만하면 갈등은 피하는 게 미덕이라 여기며 살아왔다. 쉽고 안온한 길을 버리고 가장 첨예한 문제와 위기의 한복판으로 스스로 뛰어든다는 건 이해하기 어려운 불가사의였다. 마치 성현(聖賢)에게 진리를 구하는 자세로 물었지만 활동가들의 답변은 이들의 '대단한 삶'과 달리 단순하고 평범하기 그지없었다.

2021년 여성혐오와 백래시에 맞서려 조직된 단체 '팀 해일'의 김주희 대표는 "페미니즘 관련된 말만 해도 사회적으로 괴롭힘을 당하는데 어디에서도 대응하는 움직임이 없어 나섰다"라고 말했다. 서울대 3학년 재학 도중 자퇴서를 낸 공현*. 그 역시 "계기는 딱히 없었다"며 "고등학생 때 당사자로서 청소년 인권운동을 자연스럽게 시작했고, 활동가로 산다면 대학을 계속 다닐 이유를 찾지 못했다"고 전했다.

특별하지 않은 사소한 계기로 시작된 활동가들의 삶은 이전과는 딴판이 된다. 말 그대로 '모난 돌'이 되어 안팎으로 정을 맞는 것이 일상이다. 김주희 대표는 전국을 돌며 백래시 규탄 시위를 하는 동안 성차별주의 단체인 '신남성연대'

---

* 대학 입시 거부로 삶을 바꾸는 투명 가방끈 활동가

의 집요한 공격과 비방에 시달렸다. 이 단체는 팀 해일의 시위를 따라다니며 욕설과 조롱, 폄하를 일삼았고 물총으로 물을 뿌리기도 했다.

성소수자 부모모임의 인권활동가 메이(활동명) 씨는 2018년 제1회 인천퀴어문화축제가 열리는 광장으로 들어서자마자 기독교 단체에 둘러싸이는 경험을 했다. 메이 씨는 "성소수자 부모모임이라고 적힌 옷을 보자마자 표정이 험악해졌다. 입에 담지 못할 욕설과 함께 손 팻말을 얼굴에 마구 들이밀더라"고 당시 상황을 전했다. 경찰도 메이 씨의 편이 아니었다. "경찰은 오히려 기독교 단체 사람들을 달래면서 우리를 보호한답시고 작은 공간으로 몰아넣었다"며 "동물원 우리에 갇힌 짐승이 된 기분이었다"고 털어놨다. 푸른 씨와 같이 성소수자 인권 활동을 하던 동료도 인천퀴어문화축제에서 마주한 심각한 차별과 혐오 경험으로 괴로워하다가 세상을 등졌다.

이런 직접적인 폭력뿐 아니라 헌법에 규정된 기본권이나 노동권조차 지킬 수 없는 처지다. 푸른 씨는 성전환 수술을 했다는 이유로 강제 전역 당한 변희수 하사를 언급했다. "나 역시 사회복지 현장에서 일했지만 트랜스젠더로 정체화하고 다시 취업을 하려고 하니 쉽지 않았다"라고 했다. 생계유지조차 힘든 것이 트랜스젠더의 현실이었다.

아무리 현실이 고달프고 팍팍해도 이들은 오히려 절망 속에서 희망을 택하고 '이다음에 찾아올 세계'를 그렸다. 메이 씨는 퀴어문화축제에서 자신이 무엇을 해야 할지 선명하게 깨닫게 됐다고 했다. 그를 위협하던 사람들 역시 다른 곳에서 만났다면 평범한 '이웃'이었으리라는 생각이 들었다는 것. 메이 씨는 말했다. "성소수자도 마찬가지라고 말하고 싶었어요. 내 아이는 머리에 뿔이 난 괴물이 아니라 이웃을 만나면 인사하고 사회생활도 하는 평범한 사람이라고. 정체성이나 성적 지향이 대다수와는 다르지만 틀린 게 아니라 다르게 태어났다는 사실을 알려주고 싶어요. 나도 아이가 말하기 전엔 몰랐으니까. 이 사람들도 몰라서 이럴 수 있겠다, 라는 생각이 들었거든요."

김주희 대표도 마찬가지였다. 자신을 향한 "비방이 강하면 강할수록 더 해야겠다는 생각이 든다"라고 강조했다. 폭력적으로 나올수록 오히려 '지지 않아야겠다'라는 결심이 선다는 것이었다. 이어진 말은 명쾌했다. "잘못한 게 없으니까요." 푸른 씨는 변희수 하사를 비롯한 동료들의 죽음에 인권 활동을 대하는 자세도 바뀌었다고 전했다. "책임감도 더 생기고, 그들이 바랐던 세상에 일조를 해야만 (활동을) 그만 둘 수 있지 않을까." 그러면서 "이제 '성소수자'뿐 아니라 정치적 포부를 가진 정치인임을 보여주고 싶다"라고 했다. 선거철 반짝 관심을 받는 '이색 후보자'가 아니라 현실 정치에서 삶을 바꾸는 정책을 내놓을 정치인 말이다.

책에 실릴 원고를 쓰는 내내 내가 만난 사람들의 이야기를 그대로 담고 싶다는 생각을 했다. 일면식도 없는 기자를 자신의 삶에 '침범'하도록 한 담대하고 용기 있는 사람들. 이들 옆에서 가만히 따라가며 감히 바라봤다. 내일은 오늘보다 조금 더 좋은 날이 되기를. 지금은 낯설고 불안하고 갈피를 잡지 못하는 것처럼 보일지라도.

인권단체 국제앰네스티 한국지부는 2022년 5월 17일 성소수자 혐오 반대의 날(아이다호데이)을 맞아 "미워해도 소용없어"라는 캠페인 문구를 내걸었다. 성소수자를 향한 응원과 연대의 의미를 담은 캠페인이었다. 아무리 미워해도 소용없다. 약자와 소수자, 그리고 이들과 함께하는 우리는 사실 모난 돌이 아닌 두드릴수록 강해지는 쇳덩이니까. 이 쇳덩이들은 결국 우리의 세계를 부술 것이다. 아주 산산조각.

가장 보통의 차별

ⓒ 전혼잎 2023

초판 1쇄 발행 2023년 10월 18일
초판 3쇄 발행 2024년 5월 27일

지은이 전혼잎
펴낸이 최아영

교 정 김선정
디자인 김지혜
인쇄제본 넥스트프린팅

펴낸곳 느린서재
출판등록 제2021-000049호
전화 031-431-8390
팩스 031-696-6081
전자우편 calmdown.library@gmail.com
인스타 calmdown_library

ISBN 979-11-981944-4-2 03330